50 LECTURES ON ECONOMIC THINKING

经济学思维50讲

做一个理性的行动人

亮叔

—著—

浙江人民出版社

图书在版编目（CIP）数据

经济学思维50讲：做一个理性的行动人 / 亮叔著
. — 杭州：浙江人民出版社, 2022.11
ISBN 978-7-213-10774-0

Ⅰ.①经…　Ⅱ.①亮…　Ⅲ.①经济学—通俗读物
Ⅳ.①F0-49

中国版本图书馆CIP数据核字（2022）第161402号

经济学思维 50 讲：做一个理性的行动人

亮　叔　著

出版发行：浙江人民出版社（杭州市体育场路 347 号　邮编：310006）
市场部电话：（0571）85061682　85176516

责任编辑：方　程

特约编辑：陈世明

营销编辑：陈雯怡　赵　娜　陈芊如

责任校对：杨　帆

责任印务：刘彭年

封面设计：末末美书

电脑制版：北京之江文化传媒有限公司

印　　刷：浙江临安曙光印务有限公司

开　　本：880 毫米 ×1230 毫米　1/32　　印　　张：7.25

字　　数：148 千字　　插　　页：1

版　　次：2022 年 11 月第 1 版　　印　　次：2022 年 11 月第 1 次印刷

书　　号：ISBN 978-7-213-10774-0

定　　价：58.00 元

财富是人的思考力的产物。

——安·兰德

推荐序

就像自然科学是对自然现象的探索，经济学是对社会现象的探索。与自然科学漫长的探索过程一样，经济学家发现人类社会最为基本的分工合作原理经过了一个漫长而曲折的过程。下面将先说明经济学的性质，再说明它的重要性。

《国富论》的主题是探究财富的秘密，亚当·斯密把财富作为考察的对象，认为分工是财富的原因。分工确实可以视为财富的原因，但由于亚当·斯密没有采用方法论个体主义与主观主义，他对分工产生的原因没有给予充分的解释。事实上，分工是企业家行动的产物，或者说，分工是一个与企业家精神相关的概念，但亚当·斯密的理论体系不是从企业家概念出发的，所以他也没有很好地解释合作（分工），只是描述了分工。他假设分工合作已经存在（用“看不见的手”比喻），并把这作为经济学的起点，而分工为什么会存在，恰恰是需要解释的。由于没有解释分工，他也就没有真正解释财富的奥秘。事实上，他给出的是一个“财富分配”理论。这种财富的分配借助于均衡机制，以“看不见的手”的方式实现。

发生在19世纪末的边际革命，为解释“分工如何实现”提供了理论基础。在边际革命中，主观价值论取代古典经济学的客观价值论，方法论个体主义代替方法论整体主义，这样就为理解分工提供了理论工具，因为分工是个体行动的结果，个体的行动又可以视为个体的“选择”，而边际效用理论可以很好地说明个体为何会做出某种选择。

但遗憾的是，在边际革命中，杰文斯与瓦尔拉斯两位经济学家没有把边际效用的思想用于说明“分工”，而是用于说明“均衡”。他们淡化了人的“行动”（选择），把人简化为效用的函数，假设人的“行动”被动地服从于边际上的最优条件。但是，他们对均衡的解释不等于对分工的解释，因为均衡是一种“状态”，而分工是一个“过程”。我们可以认为每个状态都是均衡状态，然后用一些因素来解释它，但这样做的意义不大，或者说等于没有解释。

相比之下，边际革命的另一位思想家门格尔保留了本体论意义上的人，也就是没有把人简化为效用的函数，而是认为人是能够对满足需求的重要性做出判断的活生生的人，这个意义上的人就是企业家。米塞斯在门格尔的基础上创立了“行动学”，它是真正有关分工合作问题的一般性理论，不仅能够解释分工，也回答了亚当·斯密没有回答的问题，即财富的来源问题。米塞斯的努力，也使经济学从一门基于均衡概念的解释性科学变成有关社会合作法则问题的一般性社会科学。我们可以认为，这是经济学家几百年来寻寻觅觅，最终找到的有关这门学科的独特性与存在价值的最好答案。

米塞斯的经济学（行动学，也是下文所指的“经济学”）是对分工合作原则的揭示，而社会中的每个人都离不开分工合作提供的物质基础，无论他持有什么意识形态。从这个意义上说，经济学构成了社会合作的底层逻辑。经济学是一个确切的、先验的理论，这使其不同于政治学、历史学、伦理学与法学等社会科学，这些在很大程度上是解释性科学。事实上，所有其他社会科学都要基于经济学提供的方法论，比如方法论个体主义与主观主义，我们在马克斯·韦伯的研究中看到了这一点。这意味着经济学构成了所有其他社会科学共同的起点与方法，成为它们的“母科学”。

经济学有关分工合作的知识是文明的精髓，它超越文化、制度和政策。事实上，任何文化、制度与政策都要服从分工合作的法则。在遵循分工合作的法则的基础上，不同的国家、文化、制度和政策可以共存。然而，实证主义和历史学派看不到这一点，它们从观察中得出结论，否定这种法则的存在。这使社会成为一个可以随意塑造的对象，必然导致分工合作的破坏与社会福利水平的下降。从这个意义上说，它们是对经济学的否定。

哈耶克在政治哲学层面扩展了米塞斯发现的分工合作原理。哈耶克强调“无知”或“理性不及”，而米塞斯强调“理性”，似乎他们是不一致的，但这是两个不同的层面。“理性不及”不意味着人不能认识原则，也就是说，“理性不及”并不排斥“人需要理性”，即理解并遵循有关分工合作的原则。实际上，这些原则恰恰也是哈耶克反复强调的。他认为只有遵循原则，才能演化出“好”的制度。

与自然规律一样，经济学揭示的分工合作的法则是很“硬”的，如果一个社会违背了它，这个社会就要受到惩罚。即便是苏联那样强大的政府，也不能对抗经济学揭示的分工合作法则。计划经济的悲剧，正是因为这样的法则没有被理解和遵循。假如人们想让自己生活得更好，那么他们应该诉求与这种法则相符的手段去实现这样的目标。但在很多情况下，由于他们不理解经济学，他们采取的是相反的手段，使自己的境况进一步恶化。20世纪，很多国家实施的计划经济政策是无视这种法则的表现。目前，各种干预仍然存在，这也是无视经济学法则的表现。当然，干预主义的流行也与“坏”的经济学的流行有关，这必然导致破坏市场分工合作，降低大众福利。

根据分工合作的法则，我们可以区分“市场经济”和“重商主义”。重商主义受到亚当·斯密的批判，但没有消失，反而有愈演愈烈的趋势，各种产业政策就是例子。市场经济与重商主义的根本区别在于，市场经济以遵循经济学揭示的合作法则为特征，而重商主义指的是在追逐自己的最大利益时罔顾这样的法则，通俗地说，就是“唯利是图”。重商主义对市场经济具有破坏性。很多人还是从重商主义的角度理解经济学，以为经济学是有关“自利”的科学，但这是错误的。相反，经济学是有关“合作法则”的科学，不是教导人们“自利”，而是教导人们遵循分工合作的法则。

经济学是启蒙运动的产物，是“科学”而不是“文化”。虽然人在很大程度上是被文化塑造的，但这并不意味着人应该被文化决定。相反，人可以通过对经济学的了解，使文化朝着更能带给人幸福的方向演进。比如，一个社会的道德伦理、法律与国家体制等都不能被视为“给定的”，而是要根据是否有助于个体幸福的增进来不断重塑，因为后者才是目标，前者是手段。那么，我们如何才能知道道德伦理、法律与国家体制是不是有助于个体幸福的增进呢？这正是经济学可以发挥作用的地方，即根据它们是不是与经济学揭示的分工合作原理相符来判断。

我们在这里区分“自利”与“理性”，后者也是这本书的主题。我们可以认为自利是人先天的本能，而理性是习得的。人通过习得经济学提供的有关社会分工合作的知识，使自己更具有理性（正确认识自己的利益），使一个有助于自己利益的秩序得以出现或不会被破坏。

本书作者长期从事经济学教育与写作，有扎实的经济学功底。他能用很多生动的例子和优美流畅的语言，把很多重要的经济学知识以一种通俗简洁的方式表达出来，即便是没有经济学理论基础的读者，也很容易读懂他的文字。经济学知识不是可有可无的，它的普及对一个民族的进步来说非常重要，而这部作品对经济学知识的普及有着重要的作用。我很荣幸能够为这样一部作品作序！

浙江工商大学经济学教授

朱海就

2022.7.27于杭州

前　言

为什么我们要学习经济学?

第一，经济学是一门关于生存与发展的科学。我们想要生存、发展，就需要竞争稀缺资源，就需要通过劳动分工来创造财富。和很多人的误解不同，经济学是一门可以脱离金钱而存在的科学。即使在一个没有金钱（货币）的时代，人们依然需要处理数之不尽的经济问题。比如：如何获得衣服和食物？把时间和资源投入哪里才能产生更大的收益？如何应对风险与不确定性？……每一代人都要面对这些永恒的经济问题，没有人可以逃避这些问题。汪宇先生说："经济生活是人类存在的基本形式，我们每个人都是经济活动的参与者。在市场经济中，我们每一个人都是经济人。经济学不是二三素心人的商量培养或野心家的密室谋划，经济学是利国利民之学，关系着每个人的利益乃至身家性命，是公共性的知识。"①

① 引自汪宇为"公民经济学译丛"写的总序，2010—2013年由上海译文出版社出版。

第二，经济学是一门提神醒脑的科学。经济学能让我们穿越谎言的重重迷雾，能让我们避开情绪宣泄的滚滚洪流与道德批判的隆隆炮火，从而冷静下来。经济学能让我们窥见这个世界的真相，能让我们理解人们向往的“免费福利”是否真的免费，能让我们明白无数人为何怀才不遇、善良的动机与美好的愿景为何总是事与愿违以及手段与目的到底是何关系。

第三，经济学是一门关于竞争与合作的科学。张维迎教授把经济学定义为“一门研究人类如何通过合作而发展的科学”[①]。在市场中，人们通过合作的方式来竞争，消费者用金钱来竞争商品，商家用质量和服务来竞争消费者。竞争与合作让我们摒弃个人偏见，让我们理解他人需求，并通过利他来利己。经济学的精髓是：不要“我觉得”，而要“你觉得”。学习经济学并不能让任何人一夜暴富，但可以提升一个人的合作能力。一个人的合作能力越强，其生存与发展的概率就越高。

第四，经济学是一门关于真实世界的科学。街边的烧烤摊和国际贸易一样，都反映着最基本的经济学原理，即使在不涉及金钱的领域，激励机制依然时刻影响着人类行为，无论是公益、政治还是爱情、体育。学习经济学的最好方式是解释世事，如果书本是我们的教材，市场就是我们的课堂。我们能否用经济学思维来分析种种真实现象，则直接检验着我们的财经素养。

经济学有时显得庸俗，因为它拒绝不计成本的崇高理想，拒

---

① 张维迎. 经济学原理[M]. 西安：西北大学出版社，2015:1.

绝把人幻想成无欲无求的天使，拒绝相信一个人人幸福快乐的世界。经济学有时让人感到具有侵略性，甚至被斥为“经济学帝国主义”，因为它的研究范围从来不限于金钱和物质，而是致力于理解人类行为，致力于见天地、见众生。经济学能让我们更好地理解自己，理解自己所处的环境，理解自身的局限，理解自己的比较优势。经济学亦能让我们在注定不完美的选项中权衡机会成本，从而更好地决策和行动。

这本书的写作跨越了很多年。沧海桑田，很多事发生了变化。在重新修订当初的文章时，有时我需要加入许多后来才明白的道理，有时我需要删去一些可能会冒犯他人的内容。青春一去不回，重读旧作，我常常惊讶于当初秉笔直言的勇气。学习经济学之难在于，我们需要诚实地面对真实世界和人性，区分愿望与现实；还在于面对诱惑与压力，我们需要保持诚实，而不是为了迎合人群与时尚，把经济学变成一种诡辩。

鸡汤给我们以慰藉，科学则常常给我们以冒犯。我理解那些对经济学的误解与敌意，因为我在许多年前也曾经抱有同样的偏见。

但所谓成长，就是不断地更新自己。在这个过程中，我们既有获得新知的惊喜，也有觉今是而昨非的失落。这本书见证了我这些年来的学习、思考和践行。它不是一本纯粹的经济学科普读物，其中有许多我自己观察世事的心得与洞见；它不是为了呈现标准答案，而是为了呈现一种视角和思维方式。那是比标准答案更宝贵的东西，是我想递到你手里的一把钥匙。

经济学家米塞斯说："经济学不可局限于学校教室和统计官署，更不可停留于秘密传授的圈子里。它是人的生活和行动的哲学，它关系到每个人和每件事。它是文明的精髓，也是我们人类'人道地存在'所不可或缺的东西。……今天一切重大问题都涉及广义的经济问题，当前关于社会公共事务的一切议论，都涉及经济学的基本因素。……任何人都无法逃避自身的责任。……在生死攸关的事情上，盲目地信赖专家，或者不假思索地接受那些流行的标语和偏见，则等于放弃自决权而听任别人摆布。在今天的情形下，对于每个有理解力的人而言，没有比经济学更重要的，他本人的命运及他子孙的命运都与之密切相关。……经济知识的本身，是人类文明结构中的基本因素；它是现代工业化和最近一两百年当中，所有道德的、知识的、技术的和医疗的成就赖以取得的基础。至于经济知识提供给人们的这一丰富宝藏，今后是否接受妥善利用，或者置之不用，乃取决于人类自身。"①

面对经济学这一"丰富的宝藏"，我很庆幸多年前的自己没有"弃之不顾"。我也邀请你翻开这本书，和我一起推开经济学的大门。

北岛在诗中说："镜中永远是此刻/此刻通往重生之门/那门开向大海/时间的玫瑰。"②这是我多年前初学经济学时的感受，也希望你能获得同样美妙的体验。

---

① 路德维希·冯·米塞斯. 人的行动：关于经济学的论文：下册[M]. 余晖，译. 上海：上海人民出版社，2013:901–909.

② 北岛. 时间的玫瑰[M]. 南京：江苏文艺出版社，2009.

目　录

第一部分　人性与市场

第二部分　财富与道德

第三部分　流行与真相

第一部分

人性与市场

私利并不是目光短浅的自私，凡是人们感兴趣的，凡是人们所珍爱的，凡是人们所追求的，都是私利。科学家希望自己在学科的前沿领域取得进展，传教士希望将异教徒转化为虔诚的皈依者，慈善家希望给需要帮助的人带来舒适的生活，他们都是在追求自身的利益，以他们的价值观来判断，他们认为这就是其利益所在。

——米尔顿·弗里德曼

第01讲　稀缺

关于稀缺，很多经济学家讲错了

稀缺是经济学的基础，也是整个经济学的起点。

稀缺的含义很简单：欲望>资源。

例如：名车豪宅，人人想要；金银珠宝，个个喜欢；群众演员都想当大明星，体育健儿都想拿冠军；年轻时觉得钱不够用，中年时觉得时间不够用，老年时觉得精力不够用。

稀缺的概念很好理解，但很多经济学家讲错了。

很多经济学家会在书中这样举例：“虽然亿万富翁不缺钱，但他们的时间是稀缺的。”

这个说法是有问题的。

其实，亿万富翁是非常“缺钱”的一个群体，因为他们需要收购优质资产、投资项目、还银行贷款、给员工发工资……

在理解经济问题时，我们一定要对真实世界、真实人性有敬畏之心，不能用想象去代替事实。

1930年，在大萧条最严重的时候，凯恩斯写下了《我们孙辈的经济问题》这篇著名的文章，他预言说：“**从长远来看，人类终将解决其经济问题**。我敢预言，100年后进步国家的生活水平将比现在高4~8倍。即使是从现有的知识来分析，这也是意料之中的，而且更乐观的估计也并非异想天开。……人类首次遇到真正的、永恒的问题是，**摆脱压迫的经济束缚后**，应该如何利用自由？科学和复利的力量将为他们赢得闲暇，而他们又该如何消磨光阴，更明智惬意地生活呢？”①

凯恩斯的这篇文章对人性、经济的理解，就像一个古人说：“我预言两千年后人人都会有馒头吃有衣服穿，经济问题将不复存在，人类将永远摆脱经济束缚。”

我们再来看稀缺的内涵：（不断涌现的）欲望＞（不断增加的）资源。

资源增长的速度，永远追赶不上欲望增加的速度，所谓得陇望蜀、这山望见那山高、吃着碗里的看着锅里的。

你可以批评这是欲壑难填、贪得无厌、人心不足蛇吞象，也可以赞美其为“不满足是历史进步的车轮”。

无论批评还是赞美，人性都是不变的。

米塞斯说：“一个人只要还活着，就不得不服从其本能的冲

---

① 参见《我们孙辈的经济问题》（Economic Possibilities for our Grandchildren），约翰·凯恩斯，1930年。

动。人的本性在于保持和增强其生命力，在于消除其不适之感，在于寻求所谓的快乐。每个人的身体内都存在一种莫名的冲动。这种冲动乃万念之源，是驱使人们投入生活和行动的力量，是追求快乐人生的渴望。这种渴望既原始，又根深蒂固而难以去除。只要人活着，它就发生作用；只有当生命结束时，它的作用才会消失。"①

生命不死，欲望不灭。

稀缺不仅源于外部世界，也源于人类的本性。人类从来就不是一种吃饱喝足就可以彻底满足的动物。哪怕是原始人，他们也会搜集美丽的贝壳做项链，在山洞里画壁画、做雕塑、争夺权力，无穷的欲望驱动着他们去不断地劳动、竞争、创新……

关于稀缺，人们还有一种常见的误解，认为稀缺的反面是无限。他们的意思是，只要一个东西无限多，稀缺就不存在。

有一个民间传说，某人获得了一个聚宝盆，任何东西放进去，都可以变出很多倍。比如：扔一个馒头进去，可以变出来10个馒头；扔一两银子进去，可以变出一堆银子。

请问，这个拥有聚宝盆的人还面临稀缺的约束吗？答案是肯定的。

因为欲望会不断升级。人不仅追求更多，还会追求更好、更有格调。例如：运动员想要打破世界纪录，科学家想要创新，慈

---

① 路德维希·冯·米塞斯. 人的行为[M]. 夏道平，译. 上海：上海社会科学院出版社，2015:818.

善家想要帮助更多的人，游戏玩家想要玩更刺激的游戏……

人的欲望是和想象力挂钩的，这也就注定了稀缺永远存在。

那么，我们有可能修炼到无欲无求，像古人向往的那样“壁立千仞，无欲则刚”吗？

答案是，不可能。哪怕是寺庙里的得道高僧，也并没有无欲则刚。他们怜悯世人，救济弱者，这背后是一种欲望，即助人的欲望、救世的欲望。

欲望可以压制，可以减少，可以改变，可以削弱，但不能被消灭，这就是人性。

2 000年前的古人认为，如果人人都有饭吃，有衣穿，那将是一个黄金世界，人类将生活在永恒的幸福之中。

90年前的凯恩斯认为，随着科技进步、生产力发展，人们的生活水平不断提升，经济问题将不复存在。

如今的很多人认为，如果人人都有房、有车、有人爱，世界就会变成天堂，人类就会过上永恒的幸福生活。

即使经济无限发达，即使人人都过上像巴菲特一样有钱的生活，人生依然会充满求而不得的困境，依然会充满抱怨。例如：为什么有的人长得更好看，为什么有的人身体更健康，为什么爱我的人这么少，为什么城市里老是堵车，为什么我不能活五百年？

稀缺永远存在，经济问题永远存在。

这才是人性，这才是真实世界。

第02讲　交易

从来就没有等价交换

对于一瓶矿泉水来说，沃尔玛卖1元，楼下小超市卖2元，山顶上卖10元。如果在沙漠里，当极度缺水的时候，即使一瓶矿泉水卖1万元，我们都愿意买。

交换从来不是因为等价，而是因为互利。

假设我用苹果换你的橘子。为什么交换会发生？因为我对橘子的估值高于苹果。如果我认为苹果的价值等于橘子，我们就没有交换的必要了。

等价之下，没有交易。

假设我用3元买你的一瓶可乐。我之所以会买，是因为可乐对我的价值（或者说我预估它带给我的效用）高于3元。你之所以愿意卖出这瓶可乐，是因为它对于你的价值低于3元。在这场交易中，我们对可乐和3元的价值评估相反。

唯有交易双方对交易商品的估值相反（通俗地讲，就是我觉得你的更好，你觉得我的更好），**即不等价，交易才会发生**。

那么，为什么会有那么多人相信“等价交换”？

“等价交换”这一概念其实是客观价值论的延续。这种价值理论认为商品具有一个内在的客观价值，这个客观价值是由成本（比如劳动时间等）决定的。

有一种流行的解释是：以前的世界，情况比较简单，商品的价值接近于劳动成本。比如，打兔子花费劳动少，打老虎花费劳动多，人们不可能拿一只兔子交换一只老虎。更多的时候，人们是用劳动成本接近的物品互相交换，比如用一只老虎换一头狮子。

但是，这种解释在逻辑上并不成立。**人们在交换时重点考虑的并不是对方的成本，而是自己的获利**。

如果打某只兔子特别困难，忙活了一整天，付出的劳动比打老虎还多，难道人们就会用兔子交换老虎吗?

成本不决定价格，商品也不存在任何“客观价值”或“实际价值”。

垃圾可以成为财富，金钱可以沦为废纸，繁华闹市可以变成荒无人烟的“鬼城”，小渔村可以变成国际大都市。多少所谓的劳动成果，一夕之间，一文不值。凡·高的画以前卖不出去，如今却有无数人梦寐以求。“大哥大”以前1万元一个，且供不应求，如今100元一个还包邮。

交换永远不是等价的，交换带给双方的利益在多数时候也是不相等的。

假设你有一个苹果，你估值为2元；小明有一个梨子，你估值为3元；小明对你的苹果估值为4元，对自己梨子估值为1元。交易创造财富，交易必然互利。如果你用苹果交换小明的梨子，那么你的获利为1元，而小明的获利为2元。请问，这个交换公平吗？小明比你赚得多哦！你还交换吗？

正确答案是：**不管等不等价，不管公不公平，不管别人赚了多少，只管自己是否获利，利益是否足够，有没有更好的替代选项**。

我们永远不要抱怨别人在交易中赚了更多，永远不要掉进公平陷阱，要看清切身利益。

人若执迷于错误的观念，就只会在黑暗中越走越远。

第03讲　销售

“卖”是人生中最重要的技能

比起做锤子手机时喜欢大谈“工匠精神”的罗永浩，我更喜欢在抖音上直播卖货的罗永浩。

搞发明创造的人是伟大的，把这些产品卖出去的人也同样伟大。重要的不是职业，而是选对自己的比较优势。

交易创造财富。**“卖”是一个人一生中最重要的技能**。

交易创造财富不是一个容易理解的概念。比如，凡·高画了一幅画，世界上就多了一幅艺术品，“社会总财富”就增加了。但是，凡·高卖给小明一幅画，凡·高的画到了小明手里，小明的钱到了凡·高手里，画和钱的数量都没有发生变化，那么“社会总财富”为什么也增加了呢?

因为财富是主观的，财富取决于效用，而效用因人而异。

小明之所以买画，是因为他认为这幅画比他付的钱更有价值。假设小明给这幅画的估值为200万元，但是他花100万元买了这幅画；而画家给这幅画的估值为50万元，他将这幅画以100万元的价格卖给了小明。这笔交易创造出了100万元+50万元=150万元的价值，社会财富也就增加了150万元。

交易创造财富，而劳动并一定总能创造财富。如果一个画家的画永远无人付费，那么画画就不是一个创造财富的行为，而是一个消费行为。

我们都知道，生产需要计算成本和收益，而又有多少人愿意为“工匠精神”付费？“工匠精神”是不是顾客最迫切的需求，能否带来盈利？

交易不仅创造财富，还可以验证价值。

市场的逻辑是，你自己说你的产品好不算，消费者说好才算。

从本质上讲，每个人都是销售者，每个人每一天都在从事销售工作。

例如：写作，是卖文；讲课，是卖知识；搞科研，是向企业卖自己的专业技能。

“卖”是人生中最重要的技能。这句话很容易理解，但在实际操作中，很多人并不懂得如何“卖”。

很多人擅长做产品，却不愿意花钱做一张漂亮的海报。很多人永远在打磨课程，但是如果收不到反馈，他们还怎么继续打磨呢？

对于罗永浩而言，从大谈“工匠精神”到直播卖货，看起来是格调的丧失，其实是一种莫大的进步。

“卖”是对一个人最好的训练，“卖”是最好的学习，让我们直面消费者，让我们看到真实、具体的需求，让我们知道工作应该在哪里发力以及改进应该在哪里发生。

第04讲　价格

真相是免费的吗

有一次，我去某独立书店参加了一场观影会，电影的名字叫《琼斯先生》。

年轻的记者琼斯深入冰天雪地调查大饥荒事件。为了报道真相，他差点饿死，后来又被抓了起来。在报道发布后，琼斯遭受了无数的诋毁，最终付出了生命的代价。

我觉得这部电影讲的是“真相的价格”。**真相从来都不是免费的，而是需要付出代价的**。

比如，在电影里，为了获得真相，记者付出了生命的代价。在现实中，为了获得真相，读者需要花钱购买报纸，还需要花时间、心力去阅读和思考。

然而，那些相信谎言、拒绝真相的人需要付出代价，比如美梦破灭，为美丽的谎言所欺骗、吞噬。那些怀疑一切的人也要付出代价，他们总是把人生中宝贵的机会当成陷阱，很难拥有友谊和爱情。

有人问，信息如此纷杂，真真假假，我们怎么辨别真相呢？

其实，最直接的方式就是像电影《琼斯先生》里的记者一样去调查。

有些“大V”说房子是普通人最好的投资，有些“大V”说房子是泡沫。那么，你可以打电话给10个买了房子的亲戚朋友，向他们咨询一下。

很多人说，私立医院唯利是图，并且认为医疗坚决不能市场化。那么，你在看病时可以去私立医院多体验几次，还可以跟医生、护士了解情况。

你可以到处去看，跟各种人聊天，这样就不容易被网上纷杂的信息蒙蔽。比如，我的很多文章就是靠跟各种人聊天写出来的。这种方法受张五常教授的影响，他建议自己的学生不要迷信统计数据（它们通常很难证实或者证伪），真实的经济学研究应该是街头巷尾的观察思考，是解释世事。

在电影里，发现真相的人往往没有好结果，很悲情。但在现实中，发现真相是有很多乐趣的。真相并不一定会带来危险，也会带来收益。比如，当媒体都说某些投资品是泡沫时，那些用真金白银地去投资的人，就会因为自己看到了真相而大赚特赚。

当然，也不是所有的真相都需要去调研。学过物理学知识的人都知道，如果有人声称发明了永动机，那一定是谎言。学过经济学知识的人可以进行逻辑推演并得出这样的结论：消灭了市场经济的地方，必定会发生粮食短缺和饥荒。

当然，价格不止金钱，不管是调研还是知识，其实都是一种“付费”的方式——要么付出金钱，要么付出时间和心力，要么兼而有之。

我们都知道，图书是要付费的，网络课程是要付费的，有价值的社群也是要付费的。

从来就没有免费的真相，有的只是无处不在的代价。真相的代价越高，追寻真相的人就越少，噤若寒蝉；真相的价格越低廉，谈论真相的人就越多。

每一次，想要真相的时候，你都可以问自己：我愿意付出什么？

第05讲　需求

为什么梦想不能当饭吃

我曾经看了一场《雄狮少年》的电影。

热爱舞狮的少年，千辛万苦，终于找到了自己的师傅——曾经的舞狮高手，如今的咸鱼强。

咸鱼强当年是本地最靓的仔，因为舞狮而大出风头，打动了美人心，娶到了漂亮老婆。

老婆说："舞狮有什么用？又不能当饭吃。"

这句话扼杀了他的梦想，让他老老实实地开着电动车去卖咸鱼。

为什么梦想不能当饭吃？这真是一个经典问题。

当一个少年想去学习舞狮、艺术、演戏时，长辈会苦口婆心地劝他：梦想不能当饭吃。

但是，如果一个少年主动选择卖咸鱼，或者做一个会计、牙医，可能就不会有人告诉他梦想不能当饭吃。

我小时候也有一个梦想：做一个诗人。和舞狮少年一样，长辈会苦口婆心地劝我：梦想不能当饭吃。

当然，这种教育是失败的，他们越规劝，年轻人就越反叛。

问题在于，长辈没有讲清楚其中的**经济逻辑**。

梦想能不能当饭吃的关键，不在于梦想，而在于需求。需求不足的梦想，就不能当饭吃。比如舞狮，只有逢年过节才有少数人需要，其**市场需求极低**，利润也极低。不像咸鱼，每天都有很多人来消费。

延伸一下，现在很多书店的主要收入已经变成卖咖啡了，这是为什么？

因为人们可以每天都喝咖啡，每次和朋友到书店坐一会儿就可以喝一杯咖啡，但谁会每天都买一本书，谁会每次来书店都买书？

相对于消费者的需求，梦想并不重要。**只有消费者的需求才可以当饭吃**。

如果你的梦想有广泛的需求、庞大的市场，你就大胆去追求，最坏的结果无非是少赚一点钱。如果你的梦想像舞狮少年一样，消费者需求很低，你就要慎之又慎。

当然，支持他人勇敢追求梦想几乎变成了一种“政治正确”。很多人会为你鼓掌，为你点赞，鼓励你大胆地去追逐自己的梦想。

但你要明白：鼓掌不是需求，点赞喝彩不是需求，握着拳头为你呐喊加油不是需求，被你的梦想感动得热泪盈眶更不是需求，愿意付费才是。

别人愿意为之付费的梦想，才可以当饭吃。否则，梦想就只是一种消费行为。

第06讲　供给

为什么好演员怀才不遇

这是一个全民探讨“演技”的年代。

演员到底应该专注于表演，通过演技来获得竞争机会，还是通过颜值、流量和人设来获得竞争机会？无论是当下流行的评点“演技”的综艺节目，还是大大小小的影视类自媒体，都经常在批判一个现象：好演员“怀才不遇”，无戏可演，缺乏演技的偶像明星却可以获得大量机会。

这让许多人觉得不公平。

在综艺节目里，一位女演员悲伤地说：“我觉得演员真的很被动，你永远都是一个商品在被选择，你没有能力去选择导演，可能你一辈子都碰不上一个你想要合作的导演。”

为什么好演员怀才不遇，而一些缺乏演技的偶像明星却备受市场追捧？这真的是一个问题吗？

其实，这是一个伪问题。这个伪问题的答案就在这位女演员的哀叹里。那就是，**演员的表演本质上是一种商品**。

演员不是一种商品，但演员的表演是一种商品；人不是一种商品，但市场经济中每个人提供的劳动服务（不管是保洁阿姨的清洁服务，还是律师提供的法律咨询服务）是一种商品。**对于任何参与到市场经济中的人力资源来说，他们身上的才华和能力，都是为消费者服务的，都是一种商品**。

是不是只要商品质量好（比如演技高超），我们就可以哀叹市场太过残酷？

显然不能。因为消费者在选择商品时关注的因素有很多，比如品牌、包装、价格、时尚等，而不仅仅是质量。

为什么人们会追星，愿意为明星的作品买单？观众并不只看他的演技，更会看他给自己带来了多少心理收益。很多时候，观众在乎的是颜值或者名气，以及对方的人设是否满足自己的心理需求。而导演选择什么样的演员，是要考虑观众需求的。那些更受观众欢迎的艺人，总是能够得到更多的机会。

娱乐产品（比如影视剧）的创作也是一种生产，消费者决定生产环节中的每一个要素。

米塞斯说："是消费者而非企业家支付每一个工人和男女明星的薪水；正是消费者花费的每一分钱，决定了一切生产程序的方向和所有商业活动组织的每一个细节。这种状况曾经被称为市场民主，即每一分钱都代表一次投票权。”①

不像学校里的做题、考试，市场竞争是多维的，人们从来不局限在同一个维度上竞争。在市场中，和演技同样重要的是演员的票房号召力，这是更重要的“才华”和“能力”。

重要的角色是稀缺的，影视市场中的演员数量供大于求，很多演员在竞争一个角色。

机会是留给能给投资人带来最大回报的人，能给消费者创造最大价值的人。

例如，你去吃肯德基、麦当劳，隔壁一家饭店抱怨说“这不公平，我们店的菜肴更好吃、更有营养”。作为消费者的你，会接受这种抱怨吗，会同情对方吗?

不会，你会觉得这种抱怨很愚蠢。你会对这家饭店说：餐馆的竞争力不是单纯地由饭菜质量决定的，还包括品牌有没有价值、用户定位是否准确、营销做得如何以及产品能否满足消费者的偏好。

世上没有怀才不遇，任何怀才不遇的抱怨都是无理取闹。否则，企业还要营销部门干什么，还投入那么多钱打广告干什么，还不断升级管理模式干什么，只需要提高产品质量就行了。

把自己的工作和服务当成一种商品，认认真真地去推销，去寻找自己的客户，这是每个想要追求个人生存和发展的人都难

---

① 路德维希·冯·米塞斯. 人的行动：关于经济学的论文：上册[M]. 余晖，译. 上海：上海人民出版社，2013:297.

以回避的责任。上到皇帝，下到乞丐，都需要不遗余力地推销自己。

交易创造财富，我们只有把自己的才华推销出去，才是在为自己和他人创造价值。要想得到更多机会，我们就要用心地推广自己，让更多的人看见自己的才华并愿意为之买单。

第07讲　分工

“工具人”背后的理性选择

有一次，我家的马桶堵住了。

我在美团上叫了一位师傅来修理，他几分钟就搞定了，收费100元。我问师傅要不要喝口水再走，他摆摆手，匆匆离开了。

这让我想到“工具人”这个流行词。

我们经常拿“工具人”来自怨自艾或者自嘲，表达自己对沦为工具的辛酸、不甘和无奈。但其实，按照这种逻辑，我们每天遇到的每个为我们服务的人也都是我们的“工具人”。

员工是老板的“工具人”，负责干活；老板是员工的“工具人”，负责发工资；商家是消费者的“工具人”，负责生产；消费者是商家的“工具人”，负责给钱。

从“工具人”的视角来看，世上的所有人互为“工具人”。

人们说的“工具人”，其实就是专业分工。但“工具人”听起来确实有点冷漠。

在“工具人”模式下，人和机器没什么差别，但凡能被更高效的机器替换掉的，都会被毫不留情地抛弃。

用自媒体的腔调讲得煽情一点就是：时代抛弃了你，就像抛弃了一件旧工具。

想象一下：如果智能机器人可以解决马桶堵塞的问题，并且只需花费50元，你还会花100元请维修师傅上门修理吗？至于他会不会因为科技进步而失业，你真的很在意吗？

米塞斯说：“消费者是无情无义的‘老板’，对他们而言，没有什么事情比满足自己的需要更值得计较。他们丝毫不关心过去的丰功伟绩和既得利益。如果有什么东西使他们喜欢又便宜，他们会毫不犹豫地放弃原来的卖家。作为买方，他们可谓铁石心肠，从不顾及他人。”①

再想象一下：如果维修师傅有一份收入更高、更轻松的工作，他还愿意上门给你修理马桶吗？如果你囊中羞涩想少给50元，对方还愿意来干活吗？

在“工具人”模式下，很多人感受到世态炎凉、人情淡薄。

员工觉得自己累死累活无人在意，觉得公司只关心业绩。办公室格子间里的你觉得自己就像一台生产机器，觉得自己的价值还比不上公司大厅的智能机器人。

① 路德维希·冯·米塞斯.人的行动：关于经济学的论文：上册[M].余晖，译.上海：上海人民出版社，2013:296.

老板觉得自己心力交瘁，就像一台负责发工资的提款机，觉得根本没人在乎公司亏损多少、风险多高以及自己一个人要默默承担多少麻烦。

我曾经花了很长时间，把自己的诗歌整理成一本诗集发在公众号上，结果有读者评论说：你一个学经济学的，瞎写什么诗歌，这不是越界吗？

在他眼里，我也是一个“工具人”。

从亚当·斯密开始，人们对“工具人”模式充满了忧虑。

亚当·斯密一方面看到了劳动分工提高生产力，推动社会进步；另一方面则认为，一个人如果长期重复简单枯燥的专业工作，就会变得愚蠢狭隘。后来，思想家们把这种现象称为专业分工对人的物化和异化，也就是当下流行的“工具人”概念。

既然没有人声称自己喜欢当“工具人”，为什么我们还会选择“工具人”模式呢？我们真的别无选择吗？

肯定不是的。很多动物没有选择“工具人”模式，而是选择更接近熟人部落的生存模式，至今也没有灭绝。

还有人说因为传统社会是熟人社会，市场经济是陌生人社会，所以在陌生人社会里，我们只能选择“工具人”模式。但是，理论上，熟人社会的圈子是可以扩大的。自古以来，全世界各种宗教和文化，都致力于扩大熟人社会的圈子。宗教上讲，虽然我们是陌生人，但大家同根同源，都是弟兄姊妹，要相亲相爱。诗人说，四海之内皆兄弟。同样的时间和精力，除了用来赚钱，还可以用来扩大熟人社会的圈子。比如，古人去京城当官，人生地不熟，就会使用这种策略。每天一帮人喝酒谈诗，不断扩大自己的熟人圈子。

人可以拒绝成为专门的“工具人”。在偏远的乡村，农忙时节，人与人互相帮助；在古老的山区，一个人既能上山砍柴，又能下河捉鱼，可以自力更生。他们并不会被专业化束缚，不会成为任何人的工具。

那么，为什么大多数人要离开乡村去城市，离开山区去工厂，离开熟人社会去陌生人社会，离开自力更生的生存模式参与到大规模的专业分工中去，宁可去当“工具人”？

很多人拒绝和亲戚朋友做生意，拒绝追随跟自己称兄道弟的老板，拒绝人情味很浓的工作环境，宁可去大公司当“工具人”，这是为什么？

很多人在搬家的时候宁可选择花钱雇“工具人”来干活，也不愿意找一帮熟人来免费帮忙，这又是为什么？

我们为何会主动选择“工具人”模式？答案很简单，因为相比之下，“工具人”模式更轻松。

想象一下：那个帮我修理完马桶的师傅坐下来喝了杯水，跟我聊天，交朋友，一起打了两局游戏，晚上一起喝酒吃肉；我问师傅修理费多少钱，他说兄弟之间谈什么钱，以后只要有问题，随时给他打电话；告别的时候，我硬是塞给师傅一袋大米，说这是老家特产，千万别跟兄弟我客气。这个场景多么温馨，多么有人情味！

这就是和“工具人”模式截然相反的熟人模式。对于这套模式，我们已经沿用了几万年。听我爷爷说，在他小时候，不管谁家盖房子，村里人都会帮忙，根本不收费。那时候没有人是“工具人”，甚至连这个词都不存在。

这种充满人情味的熟人模式为什么惨遭抛弃呢?

答案是：“工具人”模式效率更高、赚钱更多、确定性更强，不用背负人情债，能让人们活得更轻松。

相比“工具人”模式，人情模式固然温馨，但解决不了效率问题，甚至不能有效地匹配供需。

如果放弃“工具人”模式，我们也许会得到很多温情，但同时也会失去很多利益。

如果放弃“工具人”模式，我们就没法大规模地专业分工，就没有技术的突飞猛进，世界上的大部分专业工作、大部分商品都会消失。

如果放弃“工具人”模式，我们就不再是彼此的“工具人”，就会沦为土地的“工具人”以及贫穷生活的“工具人”，就会狭隘地活在各自的熟人圈子里，像原始社会小部落一样。

一位投资人说过：经济学的核心就是放弃。

走出山洞，外面的世界是无尽的风险；市场经济专业分工，从此邻居如路人，你我都是“工具人”。

投资太冒险，创业太艰难，上班太辛苦，员工太难管，客户太难伺候，大城市如钢铁森林，小区生活太没有人情味……但我们之所以选择这种生活，是因为我们放弃了更低效、更贫穷的生活。两害相权取其轻，两利相权取其重。

我们选择了利益更大的分工协作模式，我们选择了更好的生活。

当然，这种生活不完美，也不符合我们的原始本能，甚至让人觉得怅然若失。但世间从来就不存在完美选项，也从来没有完美的工作和生活。

第08讲 工资

诺贝尔经济学奖改变不了需求定律

2021年，诺贝尔经济学奖的一半颁发给了论证出“提高最低工资不会影响（甚至反而提高了）就业”的经济学家戴维·卡德。

但早在1996年，经济学家布坎南就撰文批评那些鼓吹“提高最低工资可以增加就业”的理论。

没有一个物理学家会说“水往上流”，也没有一个自重的经济学家会说“提高最低工资可以增加就业”。这种说法要是认真地生发下去，将无异于全盘否定了经济学，使其科学含义荡然无存；要是这样，经济学家除了撰写迎合意识形态偏好的文章，就别无可为了。值得庆幸的是，只有一小撮经济学家愿意背弃两个世纪的经济学教诲。我们尚未堕落成一群随营的娼妓。①

布坎南当年的批评为何如此激烈和愤怒?

这要从经济学的基本原理讲起。

翻开任何一本经济学教材，前几十页内必定出现需求定律。这是最重要、最基础的经济学原理之一，是经济学家分析问题的基本工具。

当其他条件不变时，价格上升，需求下降；价格下降，需求上升。

例1：当其他条件不变时，苹果价格上升，需求下降，销量减少。

例2：当其他条件不变时，劳动力价格上升，需求下降，就业减少。

正如布坎南所说，如果提高最低工资（价格上升），就业率没有下降，反而上升，那无异于对经济学这门科学的全盘否定。

根基不牢，地动山摇。

所以，即使获得了诺贝尔经济学奖，“最低工资不影响就业”的这套理论也不太可能成为主流，反而遭受诸多经济学家的

---

① 詹姆斯·M.布坎南. A20版读者来信[N]. 华尔街日报，1996-4-25。

轻蔑和唾弃。

戴维·卡德进行的是实证研究（对比美国两个州的快餐业，观察相应的就业数据），得出了与教科书相反的结论。

需求定律最难的就在于它的前提条件，即其他条件不变。

假设苹果价格上涨，但是苹果的需求上升了——可能是圣诞节快到了，可能是人们的收入普遍上涨了，可能是最近大火的一部偶像剧里主人公爱吃苹果刺激了消费，也可能是运动会期间外地游客蜂拥而来抢购本地的特色苹果。

科学研究最难处理的是相关性和因果性，科学研究最容易犯的错误是把相关性当成因果性。

举一些最常见的错误案例：

（1）A国年年通胀，但是经济高速发展，说明通胀对经济发展有利。

（2）B国人喜欢抽烟，但是B国人普遍长寿，说明抽烟有利于健康。

（3）父母的爱情是长辈包办的，但他们一生相敬如宾，说明媒妁之言胜过自由恋爱。

戴维·卡德的研究只是两个州里两个行业的数据，研究周期也很短，这确实无法让人信服，以至被一些经济学家质疑“市场还没有反应过来”。最低工资上升了，许多老板为了降低成本，只能少雇一些人。然而，这种决策与行动不是买白菜，相关数据不是短时间就会出现的。

当然，这种质疑背后还有更难的问题，那就是经济学的深水区：方法论之争。

从弗里德曼到张五常，芝加哥学派的经济学家认为，科学必须是实证的，也就是波普尔所讲的可证伪原则。

从门格尔到米塞斯，奥地利学派的经济学家认为，经济学必须采用逻辑演绎的方法，实证的方法只适用于自然科学。人不是物理材料或者化学物质，不能使用自然科学的研究方法去研究。

外行看热闹，内行看门道。对内行而言，方法论之争也是一大难题。所以，学界的一种流行说法是：一个经济学家应该在50岁后再去研究方法论的问题，否则很容易浪费生命。

作为一种科学观，波普尔的可证伪原则非常流行，以至被许多人视为判断科学的唯一标准，但这一标准在科学界存在争议。关于什么是科学，科学家在可证伪原则之外，还有很多其他的（互有分歧的）标准：

查尔莫斯的归纳主义科学观：科学是从经验事实中推导出来的知识。

库恩的结构主义科学观：符合“范式”的才是科学。

拉卡托斯的研究纲领科学观：科学是对基本原理所做的拓展。

在这些科学观中，实证主义是最容易理解的，因为眼见为实最符合人们的本能。

而奥地利学派经济学家坚决反对实证主义，认为经济分析必须是对基本原理的逻辑演绎。社会科学和自然科学有着本质不同：木头扔进水中会漂起来，石头扔进水中会沉下去，而人具有主观意志，人不是“同质”的，不能采取自然科学中做实验的方式来进行研究。

我们是怎么知道价格上升会导致苹果需求量减少的呢？因为如果需求定律是对的，逻辑推导的过程是对的，结论就是对的。哪怕“现实”并非如此，我们需要考察的也是“其他条件”的变化，而不是急吼吼地推翻原理本身。

需求定律背后的逻辑是什么？因为资源稀缺，人们势必尽可能地用最小成本换取最大收益，人们总要权衡取舍，趋利避害，人性是一致的。如果其他条件不变，价格越高，购买越多，那就不符合人性了。不用证实，不用证伪，也不用复杂计算，我们就是知道这个“结论”。这对于把实证主义当成唯一信仰的人来说是荒谬的，但是如果有更宽泛的科学视野，有一定的逻辑训练，我们对这个“结论”也就不难理解了。

我们回到最低工资和就业的问题。

Caoz（曹政）提出了一个猜测：提高最低工资，激发了一部分人的就业意愿，从而导致就业上升。

这个观点的背后是和需求定律相对应的供给定律：

当其他条件不变时，价格上涨，供给增加。

例如：当其他条件不变时，猪肉价格上升，猪肉供给增加；劳动力价格上涨，劳动力供给增加。

但是，供给量不等于成交量。假设最低工资涨到年薪100万元，那么所有人都愿意出来工作，劳动力市场上的供给大增，但就业并不会增加，反而会减少，因为需求减少了，老板雇不起人了。

由于最低工资的上升，那些本可以靠低工资竞争的弱势者，就失去了一些潜在的就业机会。一些用人的商家增加了成本，势必会减少雇佣成本。能够通过经济逻辑看见这些看不见的、无法迅速用数据来精确体现的变化，才是地道的经济学。

我们都希望低收入者的收入能够上升，希望他们能够过上更好的生活。我们也希望所有人的收入不断增长，希望大家都过得更加富裕、幸福。但工资和价格一样，是由供需决定的，而不是由我们的美好愿望决定的。

美好的愿望并不必然导致美好的结果，哪怕是诺贝尔经济学奖，也不能改变经济规律。

观点不因权威而正确，而是因为逻辑而正确。

第09讲　商业

你身上有没有商业的味道

有几年，我曾从事阅读推广工作，老听人感叹："现在的阅读推广，商业味太浓了！"

后来，我去做创新教育，又常听人感叹："现在的教育行业，商业味太浓了！"

类似的声音在无数场合响起：

现在的民谣，商业味太浓了！

现在的艺术，商业味太浓了！

现在的古城，商业味太浓了！

现在的书店，商业味太浓了！

"现在的××，商业味太浓了！"简直是一个万能公式，让你忍不住想凑到对方跟前，闻一闻他身上有没有“商业味”。

所谓“商业味”，其实是“铜臭味”的翻版。

当“铜臭味”一词退出语言的舞台时，“商业味”就开始频繁地出现在人们口中。本质上，换汤不换药。

我们的生活，衣食住行，吃喝玩乐，方方面面都有赖于商业的力量。

没有商业，我们和原始人不会有太大差别。

我们和原始人的区别在于，我们是经济人，是市场经济中的生产者和消费者，否则就只剩下丛林法则、暴力博弈、弱肉强食。

哪怕我们的工作看起来不属于纯粹的商业，我们也不可避免地每天和商业打交道，沾染商业的气味。

有没有商业的味道，商业的味道是“淡的”还是“浓的”，很多时候直接反映着社会的繁荣程度、文明程度。

“商业味”这个词还让我想起多年前看过的一部印度电影《断线人生》。这部电影讲的是三个创业青年的故事：伊什是板球高手，奥米的叔叔是政治家，戈文德是脚踏实地的小商人。

他们在辛苦经营了一段时间体育用品店后，决定周末出去放松一下，去看看古堡和大海。废弃的城堡杂草丛生，伊什裸露着上身自由地奔跑。他对身后的戈文德说：“闻闻吧，我的朋友，（面前的大海和身后的草地的气息）比你的钞票好闻多了。”

戈文德平静地回答：“即使到这里，你都离不开它。”

第10讲　商人

没有中间商赚差价就没有商业文明

刘瑜在《民主的细节》一书中谈到了一个概念，即“消费者责任”。

“消费者责任”是什么意思呢？刘瑜举了一个喝咖啡的例子：

咖啡的主要生产国是哥伦比亚、墨西哥、巴西等穷国。我们在星巴克买一杯拿铁要花三四美元，但是如果按照市场价格，再刨去中间商的利润，那么拉美农民卖一磅咖啡豆才拿到40美分左右。由于这个价格，许多咖啡农一年下来仅能获得600美元左右的收入，往往入不敷出。

“咖啡公平交易运动”在这个背景下产生，由一些非政府组织（NGO）和有责任心的消费者共同推动。由于他们的努力，美国从20世纪90年代末起建立了“公平交易证书”制度。在这个制度下，加入这个体系的咖啡进口商必须以1.26美元一磅的价格，绕过中间商，直接从咖啡农合作社手中购买咖啡。

与此同时，一个叫TransFair USA的独立公证机构，给该进口公司颁发公平交易证书。1.26美元一磅的价格，是以前收入的3倍左右，由此受益的咖啡农收入明显提高，摆脱了极端贫困。对于咖啡进口商来说，它花远远高于市场价的价钱收购咖啡，有什么好处呢？可以说，几乎没有……除了在他们的广告里打上小小的一行字：Fairly traded（公平交易）。①

按照这种逻辑，我们如果去一家加入了“公平交易运动”的咖啡店（比如星巴克）喝咖啡，就是在履行“消费者责任”，就是在帮助卖咖啡豆的拉美农民；我们如果没有去这类店喝咖啡，就是没有尽到“消费者责任”。这是经不起经济学思维辨析的。

非政府组织帮助农民是没有问题的，但是不可滥用“交易公平”的名义。事实上，**一切双方自愿的交易都是公平的**。

中间商辛苦工作，进行收购，赚取利润。如果去掉中间商，部分农民赚得多了，中间商的工作和成本由谁来承担呢？

---

① 刘瑜. 民主的细节[M]. 上海：上海三联书店，2018:98.

天下没有免费的午餐，非政府组织的运营不需要成本吗？对于这些推动“公平交易”的非政府组织，它们的工作需要花费多少钱、消耗多少资源呢？它们会比专业的中间商更高效、更节约资源吗？

看得见的是种咖啡的农民多赚了一点钱，看不见的是为了让部分农民多赚一点钱，耗费了很多成本。

中间商并不是被一些媒体和广告妖魔化的剥削者，抑或一种多余的存在。

很多中间商也不过是当地普通人，他们需要挨家挨户地上门收购，去鉴别咖啡豆质量，去分类，去对接市场上的不同需求。这是他们赖以生存的生计，他们长期从事这项工作，熟门熟路。

无论怎么抹黑中间商，交易成本都在那里。农产品并不会自动飞到消费者面前，咖啡豆也不会自动来到星巴克的仓库里。**中间商之所以存在，是因为专业分工，是因为他们的工作提升了效率，降低了交易成本**。

当然，一大早坐车去农民的菜地买菜更便宜，但这需要增加很多成本。**中间商不是让商品更昂贵，而是让商品更便宜，让生产者和消费者更轻松**。

经济学家索维尔在《经济学的思维方式》一书中写道：“长期以来，人们想要去除中间商的愿望被经济事实给永远地抹杀了。人类的知识和专业技术对于任何个人或管理者所设立的机构来说都是有限的。在生产与销售链的诸多环节中，仅有某些部分是可以由同一批人来有效管理和运营的。超越某一界线之后，就可能会由其他人在流程的下游以更低的成本更有效地完成工作。因此，在这个界线之后，把产品销售给其他企业，让这些企业来完成下一步的运作，对于产品销售企业来说将是有利的。**尽管有很多关于去除中间商的说法，表面很吸引人，但中间商却一直存在着，因为他们在做他们那块工作时，效率会比其他人更高。**”①

中间商不是价值掠夺者，而是价值创造者，是财富创造的关键一环。没有中间商，大量的产品无法到达消费者手中。

吃水不忘挖井人。广义来说，我们用的亚马逊、当当、京东、天猫、淘宝，我们去的超市、水果店、鲜花店、楼下便利店，都是中间商。在广袤世界的田间地头、尘土飞扬的乡间集市、繁华喧嚣的商场，奔走着无数的中间商，他们连接了生产者和消费者，实现了“货通天下”，是商业社会的中流砥柱。他们理应得到公平的对待和应有的尊敬，而不是被“没有中间商赚差价”之类的话歧视。

某些“公平交易”并无公平可言，只是一种舆论作秀，是对商家和消费者的道德绑架，甚至是对中间商的歧视和抹黑。这一点特别让人遗憾，因为历史上从来没有一个行业要承受如此之多的误解。

真实世界可以没有擅长喊口号的文人，但不能没有中间商。他们没有赞美自己工作的重要性，也不把公平和责任挂在嘴上。

---

① 托马斯·索维尔. 经济学的思维方式[M]. 吴建新，译. 成都：四川人民出版社，2019:123.

他们像枢纽一样维持着经济的运转。

什么才是真正的“公平交易”和“消费者责任”？

“公平交易”就是不要站在道德高地去绑架商家和消费者。“消费者责任”就是要清醒地思考，尊重商业，尊重市场中每一个创造价值的人。

第11讲　竞争

真正保护消费者利益的是市场竞争

这是消费者权益最有保障的年代。

小时候，如果我买到不喜欢的商品，那么我只能自认倒霉，想要退款退货是不可能的。

如今呢？买到坏掉的水果，你可以全额退款；买到不喜欢的商品，你可以无理由退货。

外卖常常附带温馨的留言纸条，快递包装袋上也常常写着"这位顾客非常重要，请微笑服务，及时送达"之类的话。

消费者的体验越来越好。

为什么消费者的体验会得到不断改善？是谁在保障消费者的权益？显然不是因为大家的道德素质突然提高了。

唯一的原因是市场竞争的力量。就像张维迎教授说的："真正能够保护消费者利益的，是市场竞争。”[①]

如何保障消费者的权益？这不仅是一个权利问题，也是一个商机。对于商家来说，只要能保障消费者的权益，就能赢得消费者的信赖；只要能赢得消费者的信赖，就可以财源滚滚。

正是这种商机，激励着无数商家前赴后继地改善服务、进行创新。

什么是“消费者权益？”权，是选择的自由；益，是消费的收益。

在非市场经济中，消费者是没有权益可言的，只能拿着粮票或油票等各种票证去排队。

母亲告诉我，在她小时候，售货员是大家非常羡慕的一种职业。当时，部分售货员的服务态度很糟糕。她那时候想：如果有一天自己当了售货员，一定要温柔地对待来买东西的小朋友。

改革开放后，母亲开了一家商店。无数普通消费者也由售货员爱理不理的对象，变成了被商家刻意讨好的“上帝”。

这就是消费者权益的改善。**消费者权益的多寡和市场的自由竞争程度成正比**。

为什么学校食堂的饭菜经常被吐槽？为什么街头饭店的饭菜更可口？为什么美国邮政被消费者吐槽为死气沉沉？在民营快递普遍崛起后，为什么人们享受的寄件服务更快、更好？

为什么上好学校要买学区房，而去好的健身馆却不用？为什

① 张维迎. 市场的逻辑[M]. 上海：上海人民出版社，2010:33.

么去医院看病难，而宠物医院却不存在这个问题?

我们可以从“市场自由竞争度”的视角来观察和思考。

激励机制影响着人们的行为。

几年前，我在教育创新年会上听一位专家说：“我们想要改变乡村老师对学生的态度，可是他们的成长经历、他们的繁重工作，已经决定了这不是一件容易改变的事。”

但是，很多外卖骑手很有礼貌，很多滴滴司机的服务态度也很好，难道他们工作不辛苦、压力不大?

脱离了市场竞争谈服务的改善，往往是缘木求鱼。

米塞斯说：“在市场上，普通人是至高无上的消费者，他们的购买和拒绝购买的行为，最终决定着应该生产什么东西、生产多少、按什么样的质量生产。……市场上每天都在不断进行公民投票，每分钱都是消费者投出的一票。它决定着谁将拥有和经营工厂、商店和农场。……这就是自由概念的现代含义所在。”①

米塞斯称之为“消费者主权”。

张维迎教授说：“市场不仅有一双看不见的手，还有一双隐形的眼睛。”②

那些以次充好、坑蒙消费者的商家，逃不过这双“隐形的眼睛”——消费者将不再惠顾，品牌会坍塌，销量会减少，直到商

---

① 路德维希·冯·米塞斯. 官僚体制·反资本主义的心态[M]. 冯克利，姚中秋，译. 北京：新星出版社，2007:113–114.

② 张维迎.市场的逻辑[M]. 上海：上海人民出版社，2010:3.

家被市场淘汰。

当然，市场中也有造假、欺诈、伪劣产品，但从没有听说过这样的商家可以成为百年老店。只有那些能够源源不断地为消费者创造价值的商家，才能在市场竞争中做到“适者生存”。

在市场经济中，消费者权益和商家的权益并非彼此对立的，而是和谐一致的。就像巴斯夏所说的，一切正当的利益彼此和谐。

这也意味着，侵犯商家的正当权益、削弱市场竞争，就是对消费者权益的间接侵犯。

比如，美国动不动就打着反倾销的名义来制裁其他国家物美价廉的商品，结果就是美国消费者要支付更高的价格，其生活成本会上升。这类做法对广大消费者来说是极其不利的。

作为消费者，我们保护自己权益的最有效的方式就是捍卫市场的自由竞争。

第12讲　市场

人性与市场

对于市场，人们为何既爱又恨？

（1）人性渴望确定性，而市场充满了不确定性；人性厌恶损失，而市场充满了风险。

（2）人性嫉妒强者，而市场带来的经济发展与精细分工必然不断加大人与人之间的贫富差距、能力差距、认知差距等无数种差距。

（3）人性好逸恶劳，厌恶思考、劳动和竞争，喜欢不劳而获，喜欢免费午餐，喜欢天上掉馅饼，倾向于“躺平”；市场却要求人们必须参与劳动和竞争，不劳动者不得食。

（4）人类的本能和野兽一样，倾向于欺软怕硬、弱肉强食；市场却是正和博弈，任何野兽都难以习惯。与无数陌生人协作、交易，并不符合人类的原始本能。

这些就是人性深处强大的反市场因素。由于这些因素，反市场的观念和行动如滔滔江水连绵不绝。

既然人性深处有着强大的反市场因素，市场又为何永远存在？

哪怕是毁灭性的打击，诸如天灾人祸、舆论诋毁，皆不能消灭市场。哪怕是用暴力取缔一切市场，也会产生大量黑市。这又是为什么？

因为人性深处还有另外一些因素在支持着市场。

（1）人性渴望生存。人要生存就需要劳动分工，小部落也不例外。劳动分工难免产生剩余，带来交易，大家各有所长、互惠互利。人若不参与分工协作，遗世而独立，很容易灭绝。

（2）人性渴望发展。人类欲望无穷，吃烤肉不够，穿兽皮不够，还想要更多更好的食物、服装、娱乐和药品等。市场能让这些东西源源不断地生产和销售。

（3）人有理性，能总结教训，能认识到互相抢劫的代价和自愿交易的好处。权衡互害的风险和交易的好处，往往可以遏制内心的兽性，比如老板大怒时想揍员工、员工愤懑时想痛扁老板、甲方郁闷时想把方案摔到乙方的脸上。但是，大家为了利益，可以克制，可以继续合作。

（4）人类建立了道德、文化和法律，抵制暴力，追求和平，为市场的存在创造了条件，让人不至于看到陌生人就望风而逃或者拔刀相向，而是让交易随时随地成为可能。

人性深处反市场和支持市场的主要因素彼此交织、互相纠缠。所以，在读历史的过程中，我们可以看到一个奇怪现象：无论经济多么繁荣，许多人永远敌视市场；无论经济被管制得多么萧条，人们永远不会自绝于市场。历朝历代，市场如野火烧不尽，春风吹又生。

第二部分

财富与道德

有商业的地方，便有美德。

——孟德斯鸠

第13讲　金钱

关于金钱的五个真相

金钱是人们谈论最多但也被误解最深的东西。

一、金钱不是万恶之源

谚语说：“金钱是万恶之源”。这其实是对金钱和人性的双重误解。

在没有金钱的漫长历史中，也会有罪恶：为了争夺地盘和资源，不同部落互相残杀。弱肉强食的动物世界里没有金钱，也没有和平与文明。

把罪恶归咎于金钱，毫无逻辑可言。

那么，为什么会产生拜金主义？

是因为金钱刺激了人类的欲望吗？不是的。

欲望一直存在，比如对于食物、土地、权力、地位、美色和琳琅满目的商品……欲望与生命同在，它何其顽强，从来就不需要刺激。

随着货币的普遍应用、商品经济的日益繁荣，人们发现钱能买到各种东西，以前的各种欲望汇集成了对金钱的欲望。

“金钱是万恶之源”只不过反映了一件事：人类特别喜欢找出某些东西来为自己的罪恶背锅，也就是作恶后不反省自己，喜欢把罪恶归咎于金钱、社会、资本和文化等，让不会思考和行动的事物或名词来背锅。

二、金钱是自由工具

经济学家哈耶克说：“金钱是人类发明的最伟大的实践自由的工具之一。在当今社会中，只有金钱才向穷人开放了一个惊人的选择范围。”①

也就是说，金钱向所有人开放，而权力永远不会。

在古代世界，某些颜色的衣服，普通人是不能穿的；某些享受，只有贵族和帝王将相才能获得。这些都属于以权力、地位为壁垒构建起的少数人的特权。

而市场中琳琅满目的商品，永远不会规定只有某个级别以上的官员或者某种血统的贵族才可以获得。哪怕一个乞丐，也可以拿着钱去购物。

---

① 弗里德里希·奥古斯特·冯·哈耶克. 通往奴役之路[M]. 王明毅，冯兴元，等译. 北京：中国社会科学出版社，1997:109.

金钱面前，人人平等。

三、金钱让人更理性

1900年，德国社会学家格奥尔格·西梅尔在《货币哲学》一书中表达了和哈耶克类似的观点："货币使人与人之间的互动更加理性，使人们摆脱了私人关系的束缚，提供了更多的选择自由。"

金钱对人是一种训练，让人的脑子更清楚，否则，"一头羊换多少个苹果，一头驴换多少个土豆"这类问题很容易让人头昏脑涨。

金钱也减少了冲突和战争。人们发现，除了战争与掠夺，我们还可以通过交换来获得自己想要的东西。我们可以轻而易举地购买巴西的车厘子、印度的咖啡、美国的苹果手机。

金钱还让人不为传统的人际关系所束缚：虽然你块头大，但我不会因为矮小体弱就必须听你的。哪怕是体力弱小、地位卑微的人，只要凭借才华和力气赚到钱，就有了选择的自由。

金钱带给无数普通人的是以往的年代所没有的自由。

四、金钱维系文明

"没有货币则无法维系发达的文明。"马克·史库森在《经济逻辑》一书中如是说。[①]

货币是商业世界的通用语言。没有货币，我们只能回归到一个自力更生、以物易物的生产力极低的世界，现代商业文明将不复存在，交易将极其困难。

更大的危险在于，如果交易成本无限高，人们就会考虑交易的替代方式，比如抢劫、战争。

假设你是一个没见过货币的原始人，当看到背着鹿皮的相邻部落的男子从林间经过时，你想得到他的鹿皮，你会怎么做？是烦琐的以物易物，还是直接射出手中的箭？

没有货币，我们当下所珍惜的文明中的大部分内容，都会消逝如烟，社会甚至会变得暴力和野蛮。

五、金钱与宗教、哲学

卡比尔·塞加尔在《货币简史》一书中讲述了一个有趣的现象：现存世界的主要宗教和哲学思想，都源于铸币术发明的时代，也就是公元前7世纪到公元4世纪。

当时，货币的涌现促进了商品的流通，让财富更容易衡量，让炫富更加容易，让贫富差距更加明显，也让围绕财富的各种羡慕嫉妒恨更加汹涌澎湃。

---

① 马克·史库森. 经济逻辑[M]. 苏娜，译. 北京：中国友谊出版公司，2021:343.

于是，人类社会涌现出了各种批判金钱和贫富差距的宗教和哲学，百家争鸣，思想文化空前繁荣。这个时代被后世称为“轴心时代”。然而，这些批判金钱的宗教和哲学，却大多因为信徒广泛、人气爆棚，聚敛了大量钱财，成为一种生财之道。许多“精神导师”富得流油。而且，大量信徒会向精神导师咨询如何发财的问题。

历史有时候就像一则寓言。

第14讲　货币

劣币与良币

一、货币史的正面：劣币驱逐良币

托马斯·格雷欣是16世纪英国铸币局局长。他观察到，消费者喜欢保留贵金属含量高的货币，喜欢使用贵金属含量低的货币进行交易，从而使得市场上流通的大多为劣币。这个规律被称为“劣币驱逐良币”。

如果在一个自由发行货币的市场，不同的私人银行和钱庄发行不同的货币，那么一般来说，消费者会选择质量好的货币，也就是含金量足的货币；商家则可以拒绝接受劣币，或者面对劣币选择涨价。所以，劣币在市场竞争中并没有优势，只会被逐渐淘汰。这种现象被经济学家称为“良币驱逐劣币”。

经济学家陈志武在《陈志武金融通识课》中讲过：

中国历史上大多数时候是使用金属货币，包括黄金、银子、铜钱、铁钱等。这些金属货币不存在严格意义上的发行权，因为各地私人和政府都可以铸造，所以货币发行权以前都没有集中在政府手里，而是分散在民间，由民间机构自己去竞争，达到良币驱逐劣币。

河南大学彭翔教授对这一点进行了研究，发现清朝确实有良币驱逐劣币的情况出现。咸丰年间，政府曾强迫官方货币贬值。结果，官府的银票是贬值了，但私人钱庄发行的货币，其价值反而相当稳定，更受市场欢迎。[①]

假设在一个不自由的货币市场，情况又是怎样的呢？

商家明知道政府发行的是劣币，但他们必须接受。商家如果拒绝接受劣币，就会被杀头。消费者如果在交易时收到劣币，也只能忍受，否则就会受到暴力制裁。比如，忽必烈时代，朝廷发行“中统钞”，就规定“拒用者罪至死也”。

古代历史上，劣币经常登场，比如汉代发行的“皮币”和“白金”、宋朝发行的“会子”和“盐钞”、金代发行的“宝券”。这些都是典型的劣币。发行这些劣币，相当于从老百姓手中抢钱，人们苦不堪言。

拿到劣币后，人们能怎么办？没办法，只能赶紧花出去。于是，市场上流通的都是劣币，真金白银等良币被人们藏在家里。

① 陈志武. 陈志武金融通识课 [M]. 长沙：湖南文艺出版社，2018:352.

这就是“劣币驱逐良币”的由来。

劣币驱逐良币并不是市场自由竞争的结果，而是非市场力量凭借暴力机器参与竞争的结果，属于货币领域的强买强卖。人们明知道政府发行的是劣币，却无可奈何。这不是市场的失败，也不是良币的失败，而是人们面对暴力机器，为了降低损失而做出的理性选择。

那么，劣币就胜利了吗?

短期来看，劣币驱逐了良币，但长期呢?

许多劣币连同滥发它们的王朝，一起覆灭了。

劣币之所以驱逐良币，是因为暴力，而暴力不可能永远有效。一旦暴力失效或者劣币发行太多导致经济崩溃，能够在竞争中胜出的就是良币。

关于货币问题，我们不仅可以从时间的维度去考量，还可以从空间的维度去考量。

从全世界的范围来看，良币会在货币竞争中取得胜利。津巴布韦的货币能驱逐美元吗?金圆券能战胜黄金、白银吗?商人会带着一船劣币出海做生意吗?

人们经常用“劣币驱逐良币”来哀叹这个世界的不公，以此来形容差的胜过好的。在这样想的时候，我们需要问：这是自由竞争的结果，还是缺乏自由竞争的结果?

风物长宜放眼量。在考察货币的时候，我们要学会放宽时间和空间的维度去思考问题，而不是迷失于一时一地的得失，以至于得出错误的结论。

二、货币史的背面：良币驱逐劣币

历史上，良币驱逐劣币的故事有很多。

汉文帝时，民间可以自由铸币。汉文帝宠臣邓通铸造的铜钱被称为“邓通钱”。邓通钱光泽亮，分量足，厚薄匀，质地纯。上自王公大臣，中至豪商巨贾，下到贩夫走卒，无不喜爱。

1284年，威尼斯人开始发行达克特金币，其含金量在99%以上，黄金含量500年间分毫未变，这种货币在欧洲大受欢迎。

大航海时代，西班牙银元主宰世界。从美洲到东亚，这种硬通货在全球通行无阻，甚至大量流入中国。而各国纸币逐渐变得无人理睬，作为劣币，被驱逐了。

明朝时期，虽然朝廷一度明令禁止人们使用金银作为货币，但白银依然广泛流通，从市场上驱逐了朝廷发行的“大明宝钞”。

人们不喜欢追逐劣币，总是热爱良币。古往今来的无数劣币最终都沦为废纸，甚至连发行劣币的统治者都身败名裂。

广州有一座货币金融博物馆，我们可以去那里看货币史：只要人们可以自由选择，纯度更高、质量更好的钱币总是更受市场欢迎；哪怕垄断者强迫人们使用劣币，也不能改变人们对良币的热爱。

换一个视角来看，货币史就是人们不断抛弃劣币、拥抱良币

的历史。

凭借暴力垄断，劣币往往一时充斥于市场，但终究避免不了被良币淘汰的命运。即使垄断者把良币驱逐出市场，在恶性通胀的危难关头，良币也会一次次重回市场，受到人们的追捧。

市场会淘汰劣币，这只是时间问题。

最终的胜利者，依然是良币。

那么，为什么人们特别喜欢引用“劣币驱逐良币”这句话？

除了“劣币驱逐良币”的现象特别常见，这背后还有一种隐秘的心理：我之所以不行，是因为这个世界不公平。你看，差的总是战胜好的，劣币总是驱逐良币。

这已经不是经济学问题了，而是一种情绪宣泄。

“劣币驱逐良币”的说法很可能只是自欺欺人。这种思维很容易让人走向一个误区：既然世界的真相是“劣币驱逐良币”，是不是我成为劣币，就可以活得更好，更加成功？

这么想并付诸行动的人，往往会迎来悲惨的命运。

第15讲　通胀

有一个国家，人人都是亿万富翁

本文是一篇经济学童话。

很久很久以前，在遥远的北欧，有一个国家叫桶国。

桶国的经济时好时坏，每次经济不好的时候，国王就向臣民发钱，无论是大人还是小孩。

桶国的经济学教科书上是这么写的："经济不好时，政府就要发钱来刺激消费。有了金钱，人们便有了购买的动力，商人就会积极生产，失业者就能找到工作，危难者就不至于破产，经济就会朝着好的方向运转。"

每一次待经济危机过去后，人们都会说："看，发钱取得了良好的效果，教科书永远是对的。"

桶国的钱越发越多，一碗面条涨到了两千多元。人们纷纷说，这些商人真是太黑心了，政府应该好好管一管。

善良的国王听说了这件事，便派士兵逮捕了那些商人。

面条的价格降了下来，但人们发现，面里的肉和蔬菜越来越少了。

每一次经济危机都比上一次更加严重，持续的时间更长，发的钱也就更多。一开始每人发一千元、一万元……短短几十年后，就变成了每人发一百万元、一千万元。

直到有一天，桶国历史上最严重的一次经济危机爆发了，无数商人破产、工人失业。

桶国的经济学家一如既往地写评论文章督促国王赶紧发钱。这一次，每人发一亿元。

一夜之间，桶国的每个人都成了亿万富翁。

物价并没有上涨，因为善良的国王和他的经济顾问早就考虑到了这一点，于是新的法律规定：涨价的商人会面临终生监禁。

人们握着大把的钱排队抢购，超市和商铺纷纷关门。许多人因为买不到东西，失望地把钱扔在大街上。

一阵风吹来，满天钞票飞舞，像是一场大雪。

一时间，桶国出现了很多黑市。在那里，人们以物易物，拒绝现金交易。

世界上最痛苦的事，莫过于有钱却买不到东西。善良的国王和他的顾问再次出台新的法律：黑市上的违法商人一经发现一律处死，举报者可以得到商人的一半财产。

一时间，人们纷纷举报黑市交易。黑市也渐渐消失了，东西越来越难买到了。人们对着家里一捆捆的钞票发呆。

桶国处死了大量的黑市商人。人们纷纷失业，没有饭吃，也没有事干。

人们虽然过着贫穷饥饿的生活，但还是觉得自己生活在幸福指数最高的国家，因为在这个国家，人人都是亿万富翁。

桶国后来怎样了？

我也不知道，也许从历史上消失了吧。

不过，桶国经济学家编的教科书还在世上流传。

第16讲 通缩

通缩是美女还是老虎

笑话里，老和尚指着美女告诉小和尚：“那是老虎。”

现实中，一些经济学家动不动就恐吓人们：“警惕通缩！通缩会带来大衰退！”

也有经济学家认为，通缩是好事，会让人们越来越富有，会让经济更加繁荣。比如《小岛经济学》的作者彼得·D. 希夫就认为通缩是好事，“是经济的自然规律”。[①]

所谓通缩，就是货币升值、物价普遍下降的过程。

那么，通缩到底是美女还是老虎?

我用一个故事来阐述。

① 彼得·D. 希夫，安德鲁·J. 希夫. 小岛经济学[M]. 胡晓姣，吕靖纬，陈志超，译. 北京：中信出版社，2016:124.

一、为什么会有通货紧缩

在宁静的小岛上，人们过着贫穷的生活。

张三种地，李四织布，王五养猪，人们使用国王发行的货币互相交易。国王无欲无求，很多年来，货币总量基本保持不变。

随着资本的积累、技术的进步，李四发明了织布机，布匹生产成本不断降低，产品价格也不断降低。

同样的钱，张三和王五以前只能买一套衣服，现在可以买10套。以前，人去世后还要把衣服脱下来留给子女穿，现在不用了，因为生活水平得到了提升。

衣服价格便宜了，人们的生活开支也减少了。张三把省下来的钱用来搞研发，于是发明了化肥，使得粮食产量大增。

粮食价格便宜了。李四和王五以前要省着吃，一天只吃两顿饭，现在不用了。

知识和创意是会流动的。张三和李四都凭借自己的资本和创意搞出了技术创新，甚至发展到雇用一帮人给自己打工，成了企业家。

王五非常羡慕，也想创新。但是，王五没有钱，便去找张三和李四贷款。

以前这是不可能的，因为大家都很穷。但是，在张三和李四发动技术革命之后，生产力提高，物价下降，商品和知识总量增加，也就是社会总财富增加了。人们家里有了余粮（资本），于是王五拿到了贷款。

王五不是天才，没有搞出技术创新，没有发明出能让猪迅速长大的神奇饲料，但是他开创了一套新的管理技术。通过雇用工人、管理升级，王五也降低了生产成本和猪肉价格。

过去，小岛上的人只有逢年过节才有肉吃，现在每周都可以吃肉。

随着资本的积累、知识的增加、技术的进步、创意的流动、管理的升级以及对外贸易的增长，小岛上生产力不断提高。虽然货币总量没有变化，但是商品总量不断增加，物价不断下降，人们手里的钱不断升值。人们过上了比祖先富裕百倍千倍的幸福生活。

物价不断下降、货币不断升值的过程就是“通缩”。这个词听起来像一件坏事，给人一种很紧张的感觉。其实，这个过程叫“物价下降”或者“货币升值”可能更好一些。

同一个事实，用不同的修辞来描述，总能给人带来截然不同的感受。

在通缩的年代，人们不用焦虑养老问题。人们知道自己手里的钱会不断升值，只需努力工作和储蓄。许多项目没有人投资，人们说，还不如把钱存在银行里呢！当然，这些项目也欺骗了一些人。毕竟，虽然货币会升值，但是这个过程往往很缓慢，并不能让人一夜暴富。

小岛上非常有前景的投资项目，对有冒险精神的人来说，还是很有吸引力的。通缩激励人们积极储蓄，也让更多的人有钱投资。

人们过上了幸福的生活。这是无数代人艰苦劳动、积累知识和财富的结果。

二、为什么会有人敌视通缩

直到有一天，战争来了。小岛和周围的小岛卷入了一场前所未有的“群岛大战”。

为了打仗，国王印了很多钱。小岛上的货币总量增加了一倍、两倍、十倍、百倍……

战争期间，王五的养猪场倒闭了。战争带来了贫穷，人们吃不起猪肉了。通胀让储蓄贬值，王五损失惨重。曾经的养猪大亨，如今失魂落魄。

战争期间，张三的良田被飞机轰炸，通胀让张三的积蓄不断贬值。为了活下去，张三借了很多高利贷。

战争期间，李四凭借关系成为国王的供货商，专门负责为军队生产军装。本来李四的资金不够扩大生产，但是国王印了很多钱，于是李四拿到了大量贷款。他扩大了自己的生产规模，制造了成千上万套军装，大赚一笔，还给王后和公主赠送了大量的时尚服装。

战争终于结束了，小岛不复往日繁荣。

那些在战争中损失惨重的人（比如王五）说：“国王千万不要再增发钞票了，让我们活下去吧！我们还有一点积蓄，不要让它继续贬值了。”

那些在战争中因为通胀大发横财的人（比如李四）和那些在战争中负债累累的人（比如张三）说："国王一定要继续增发钞票啊，这样才能减轻我们的债务压力，让我们活下去吧！我们还有很多债务，不要让它随着经济的恢复而升值啊。"

虽然战争结束了，但国王还想做很多大事，比如修葺宫殿、资助艺术、支持科学。这些都要花很多钱，总不能给民众加税吧？国王喜欢印钱的感觉。

于是，国王召集小岛上的经济学家来商量对策。

经济学家分成了两派，在国王的宫殿里争吵了起来。

一派说："现在经济已经陷入了通缩，如果不继续印钱，李四等商人就得不到源源不断的贷款，纺织厂的上万工人就会面临失业危机，张三等人的债务压力就会增加，他们有可能铤而走险。经济将陷入一场大危机，社会将动荡不安，国王的统治也岌岌可危。"

另一派说："现在明明是通胀。你们还记得以前的幸福生活吗？战争以前，我们的货币量只有现在的千分之一。如果通胀继续下去，那么王国的金钱终将沦为废纸。那时候，人们很可能会把国王送上断头台。"

国王说："你们讲得都有道理，我想了想，还是接着印钱吧，不过要少印一点。不要让物价涨得太快，搞得我都吃不起茶叶蛋了。"

真实的历史：1798年，为了应对法国的战争威胁，英国取消金本位，大肆增发货币。一个人为的战时繁荣随之而来。战争结束后，通缩开始。利益集团广泛传播通缩恐惧，渲染通缩会导致社会动荡。当时，反对通缩的理论家大部分是利益集团中的成员。

三、反通缩的本质是为了支持通胀

通胀派经济学家成了国王的顾问，经常和国王一起吃茶叶蛋，共商国是。通缩派经济学家则受到了冷落，连编写教科书的资格都被取消了。

通胀派经济学家还受到了很多大公司的欢迎，成为这些公司的顾问。每当国王和利益集团想要发行更多货币的时候，通胀派经济学家就站出来摇旗呐喊："警惕通缩！通缩猛于虎！"

小岛上的货币越来越多，货币越来越不值钱。越来越多的人发现，他们的积蓄在不断贬值，辛苦工作一生，积蓄竟然不够养老。

以前小岛上的人只要努力工作、积极储蓄就够了，现在他们还必须学习各种理财知识，每个人都要成为投资者。

小岛上的人买股票、买债券、买黄金、买土地，买一切有可能抵御通胀的东西。

各种理财产品良莠不齐，很多人上当受骗，越来越多的人老无所依。

小岛上的人过上了贫穷焦虑的生活，虽然手里的"钱"越来越多。

通胀带来的虚假繁荣，像泡泡一样时不时地破裂。小岛上每隔几年就会出现一次经济危机，危机一次比一次严重。

每逢经济危机，经济学家又分为两派：一派认为经济危机是通胀导致的，另一派认为经济危机是通缩导致的。

国王和利益集团总是会支持通胀派经济学家。

通胀派经济学家不方便直接在经济学教科书里写“通胀万岁”，而是写上了“通缩是一件大坏事”。

他们的真实意思是，通胀是必要的，增发货币是必需的。

岁月流转，新一代的人，只经历过一次次的通胀，从来没有见过通缩。没有人知道通缩到底是怎么回事，经济学教科书里也语焉不详。只是传说一些小岛是因为通缩而灭亡的，但关于这些传说，历史学家也有不同的解释。

至于那些认为通缩是好事的经济学家，很多人选择闭嘴。没有多少人倾听他们的声音。这一方面的研究也颇为困难，因为相比无穷无尽的通胀史，人类历史上关于通缩的记录太少了。

不明真相的人被蒙在鼓里，明白真相的人觉得还是赚钱更重要，与其徒劳地反对通胀，还不如利用通胀赚点钱。他们很推崇一个叫阿费的经济学家。

阿费在一场经济危机中损失了很多钱，惨到交不起房租，没有地方住。但他没有反思自己的经济理论，反而认为市场错了。他说，通缩太严重，国王必须印更多的钱来拯救国家于危难之中。

富人们私下调侃：阿费真是有一套，他的理论能不能拯救国家不知道，但确实有希望拯救他自己。对他来说，钱越贬值，债务压力就越轻。当钱如废纸的时候，再严重的债务也不是问题。

当然，没有人关心这些真实的动机。经济学教科书上一本正经地印着阿费的吹泡泡理论以及他的名言："通缩是一件大坏事！"

真实的历史：1929年10月，美国著名经济学家、计量经济学会联合创始人和首任会长欧文·费雪宣称股市已经达到了像"永久性高原"那样的平稳时期，牛市会一直持续下去。几天之后，经济危机爆发，美国进入长达多年的大萧条时期。费雪在股市中损失了1 000万美元的财富，把家人、亲戚的储蓄都赔了进去。费雪是反通缩理论的重要贡献者。大萧条时期，他不但没有反思自己错误的经济理论，反而煽动印钞，希望恢复股价，以此偿还自己的债务以及拯救国家。

四、关于通缩的常见谬误

虽然通缩只出现在经济学家的口中，很少有人见过通缩什么样，但是在现实中，人们还是可以观察到真实市场中的某些局部现象和通缩威胁论里讲的并不一样。常见的通缩威胁论经不起经济逻辑的考验。

（1）一些人认为，通缩会带来生产过剩、商业萧条，因为既然手里的钱会升值，人们就舍不得花，而是会储蓄起来，于是商人的货物就卖不出去。但在现实中，当手机、电脑、电视机的价格不断下降时，人们并没有减少消费。相反，由于产品的价格下降，其需求就会上升，以前买不起的人也成了消费者。商品没有过剩，其销量反而扩大了很多倍。通缩和消费的关系比较复杂。当物价普遍下降、货币升值时，张三可能减少喝奶茶的次数，更有动力储蓄。但以前喝不起奶茶的李四，可能因为奶茶降价而开始喝奶茶了。王五可能减少消费、积极储蓄，为养老做充分准备。老年时，王五会因为有钱而增加消费，赵六可能减少了买包和去酒吧的次数，但是物价的下降和储蓄的增加可以让他买得起汽车和房子。在逻辑上，我们看到的是，在通缩之下，某些人会减少某些消费，某些人会增加某些消费，而不是通缩导致所有消费者减少所有消费。

（2）一些人认为，通缩会带来大规模失业。既然货币不断升值，那么企业肯定不能继续给工人开同样的工资了。一旦工资降低，虽然货币实际购买力不变，但工人并不是“理性”的，在情感上并不能接受。于是，大规模失业应运而生。降低工资在逻辑上也很难成立，因为人们关心的是实际利益而非虚名，人们看重的是实际收入而不是名义工资。在恶性通胀的年代，如果工人一天赚100万元并且天天“涨工资”，那么你觉得他们快乐吗?

（3）一些人认为，货币供应量必须跟上经济的发展，最好货币购买力不变、物价稳定。这是一种不切实际的妄想。我们并非生活在一个静态世界里，价格永远是波动的，任何人都没有能力也没有必要维持货币购买力不变。

（4）还有一些人认为，通缩会导致“钱不够用”。这是一个伪问题。如果商品数量增加，货币数量不变或减少，商品降价、金钱升值就可以了，钱怎么会不够用？一些经济学家还恐吓人们说：“通缩会让大量的企业拿不到贷款，从而陷入危机。”通缩鼓励储蓄，但人们的储蓄并不是放在自己家里，而是存在银行里。银行的钱也并不是锁在保险柜里，而是拿来放贷了。

五、反通缩理论为何流行

既然通缩是一件让多数人受益的好事，为什么还有人恐惧和反对它？

一方面是因为错误的认知。关于通缩的错误知识已经像标准答案一样刻在了无数人的头脑中。这就像在以前的无数个时代，人们坚信地心说和放血疗法一样。

另一方面是因为利益集团对通胀的热爱。统治者和利益集团无不热爱印钞这种低成本获得财富的手段。呼吁印钞，呼吁刺激消费，也可以增加经济学家的影响力，让他们在政治舞台上大展拳脚，从而扮演救世主的角色。凯恩斯就是一个典型。

另外，通胀带来的利益是高度集中的，少数人从中获得巨大收益；通缩带来的利益则是分散的，几乎属于所有人，每个人获益微薄，导致人们没有动力团结起来去争取。如果通胀能让一个人的垃圾项目马上拿到1亿元的贷款，而通缩能让他的储蓄每年增值百分之一，那么他更愿意选择通胀还是通缩？如果通胀能让统治者大展宏图，甚至有钱发动战争，而通缩只是让民众的财富缓慢增长，那么他更愿意选哪一个？如果通胀可以让经济学家登堂入室影响世界，而通缩只是让他默默无闻，那么他更愿意选择哪一个？

宣传影响头脑，利益影响理论。

对通缩的恐慌，在过去的经济思想史上并非主流。

古典经济学家根本不认为通缩是一个问题。亚当·斯密、萨伊、李嘉图不觉得通缩有讨论价值，马歇尔、吉芬、庇古则认为通缩对经济发展没有不良影响。①

直到今天，奥地利学派经济学家也坚持认为通缩并没有危害经济。彼得·D. 希夫认为，通缩是好事，是经济增长的标志，那些通缩威胁论只是“想象的伤害”，是“妖魔化的宣传策略”。②

罗斯巴德在《亚当·斯密以前的经济思想：奥地利学派视角下的经济思想史（第一卷）》一书中提醒我们：科学的历程并不是一条永远向上的直线，而是一条波浪线，错误的理论也常常取代正确的理论并成为时髦。

一种学科中知识的发展，并不是稳步地、连续地走向光明的

---

① 菲利普·巴格斯. 通缩之问[M]. 杨农，熊越，译. 北京：清华大学出版社，2015:10–11.

② 彼得·D. 希夫，安德鲁·J.希夫. 小岛经济学[M]. 胡晓姣，吕靖纬，陈志超，译. 北京：中信出版社，2016：75.

向上运动，即耐心地抛弃被拒绝的假说，同时连续地追加积累的知识存量。相反，每个学科发展的历史轨迹是一种包含了巨大收获和损失的锯齿形路线，紧随着知识进步而来的是衰退和反常的行为……[①]

关于通缩的各种谬论，是一种错误的思潮。无数人不假思索地接受了这些错误知识，把“美女”误认为“老虎”。

在100年后的经济思想史上，这些横行一时的通缩谬论，也许终究会被扔进知识的垃圾堆。

只是不知道，我们会为错误的认知付出何等代价。

① 默瑞·N. 罗斯巴德. 亚当·斯密以前的经济思想：奥地利学派视角下的经济思想史（第一卷）[M]. 张凤林，等译. 北京：商务印书馆，2012:792.

第17讲　产权

卖炭翁的悲剧

白居易的诗歌《卖炭翁》记录了一次朝廷赤裸裸地侵犯私人产权的行为。

卖炭翁，伐薪烧炭南山中。
满面尘灰烟火色，两鬓苍苍十指黑。
卖炭得钱何所营？身上衣裳口中食。
可怜身上衣正单，心忧炭贱愿天寒。
夜来城外一尺雪，晓驾炭车辗冰辙。
牛困人饥日已高，市南门外泥中歇。
翩翩两骑来是谁？黄衣使者白衫儿。
手把文书口称敕，回车叱牛牵向北。
一车炭，千余斤，宫使驱将惜不得。

半匹红纱一丈绫，系向牛头充炭直。

唐德宗贞元末年，朝廷官宦用低价强行收购市场上的商品，卖炭翁的故事只是众多悲剧中的一个。

由于白居易的这首诗，我们知道，在无数人讴歌赞美的大唐，一个小商贩的权利被侵犯，他的财产被剥夺。

重新阅读这首中学课本上的诗，我们会有一个发现：卖炭翁自始至终是没有发声的。

无论是在厚重的历史中，还是在逼仄的现实里，卖炭翁没有发声的机会，只有沉默的权利。

在朝廷这一庞大的暴力机器面前，卖炭翁卑微如蝼蚁。

掠夺卖炭翁的朝廷官宦，可以称为真正的“寄生虫”，他们通过侵犯他人产权而获利。明火执仗进行抢劫的强盗是社会的寄生虫，而《卖炭翁》里强买强卖的朝廷官宦是另一种寄生虫。

私有财产神圣不可侵犯，这一认知构成了文明的底线。

正是因为我们知道私有财产受到法律保护，我们每天才敢出门工作、消费而不必担心家里被洗劫一空，我们才敢投资和创业而不用担心自己的财富随时被掠夺。

正是因为我们尊重产权，“风能进，雨能进，国王不能进”的名言才会传遍世界的每个角落，才会如此深入人心。

但是，这种绝对的产权观念也会时不时地受到挑战。

风能进，雨能进，国王凭什么不能进呢？如果国王是为了拯救宇宙，他难道不能拆掉你的房子，难道不能征收卖炭翁一车炭吗?

对于产权，我们应该考量“社会成本”。薛兆丰老师在《薛兆丰经济学讲义》中指出:

科斯说所有的伤害都是相互的，我们得用新的眼光来看待这些案例。不是一方在伤害另一方，而是双方为了不同的用途，在争夺相同的稀缺的资源：牛跟小麦争的是那块地，如果让牛吃小麦，那牛就伤害了小麦；如果禁止牛吃小麦，小麦就伤害了牛。[①]

那么，按照科斯的产权观念，法官该怎么判呢?

到底是谁在侵权，谁在受害，科斯认为这取决于社会总成本。而法官要根据社会的总成本和整体利益来安排财产权边界。简单地讲，科斯的观点是：放牛人和农夫双方，谁避免纠纷的成本低，法官就得判定责任是谁的。比如，牛肉价格高昂，而小麦价格便宜，如果把放牛人和小麦主人看作一家子算账，我们就应该让牛吃小麦，因为这样安排的总收益最大，稀缺的资源必须放在最有价值的用途上。[②]

---

① 薛兆丰. 薛兆丰经济学讲义[M]. 北京：中信出版社，2018:79.

② 参见“李松·奥派经济学十讲”，“得到”出品。

经济学家弗兰克在《牛奶可乐经济学》中也列举了众多的案例来支持科斯的产权观念。如果你要绕远路，法官就支持你穿过私人领地走近路；如果你非法占有一块土地超过十年，法官就承认你的权利。

为什么呢？因为这样判案符合“让社会利益最大化”的原则。

但是，科斯和弗兰克所代表的这种产权理论是非常危险的。

比如，在汉武帝时期，为了跟匈奴打仗，朝廷对老百姓横征暴敛，大量没收人们的财产，比卖炭翁面前的官宦还残忍。

汉武帝侵犯产权的行为，在历史上一贯是受到儒家的严厉批评的。但是，现在有一些自媒体人为汉武帝翻案，说汉武帝的雄才大略不是小老百姓能够理解的。这种观念和“社会利益最大化”的说法有点相似。

我们来推演一下：按照这种逻辑，如果我用你家的粮食去救助一些快要饿死的穷人，能够让社会利益更大化，我是不是就可以去抢劫你家的粮食？

但实际上，“社会利益”是无法计算的。人和人的利益并不能相加成“社会利益”。假设卖炭翁一车炭卖1万元，朝廷官宦可以用这一车炭创造10万元的价值，他们支付给了卖炭翁1 000元，那么原本1万元的社会价值变成了10万元。但是，需要注意的是，卖炭翁的利益和朝廷官宦的利益是不能相加的，这就像“我和巴菲特今年一共赚了多少钱”一样毫无意义。

朝廷官宦也许可以用我的财产创造更多的财富，达到更宏大的目标，但这不能构成侵犯私人产权的理由。

若手段不正当，则结果无意义。

一些经济学家认为，产权观念会影响经济效率。事实上，产权和效率并不是对立的，保护产权就是保护效率。产权越是能够得到保护的地方，就越有效率，经济就发展得越好。就像经济学家德·索托在《资本的秘密》一书中所强调的，产权能否得到有效的保护，直接决定了一个国家的贫穷富有。

我们不能只看见一时的“高效”，还要看到那些看不见的——一时的“高效”可能会产生糟糕的后果，可能会给未来造成低效、损失、浪费和风险。

在一个产权可以被随意践踏的地方，无恒产者无恒心，人们是不敢做长远投资的。

如果为了“社会利益最大化”或者其他冠冕堂皇的理由，卖炭翁的炭被强行低价收购了，那么卖炭翁还会再来卖炭吗？他还会用心生产好的炭吗？

当卖炭翁不再生产炭时，老百姓冬天用什么取暖？这样的世界连生产都受到了打击，还有何效率可言？“社会利益”又如何保障？

许多人未必了解科斯的产权理论，但他们的观念是类似的。

他们相信世界上没有绝对的权利，没有绝对的对错，没有绝对的真理，一切都是相对的。总之，一切标准都要视具体情况而定。

如果人和人可以打着各种冠冕堂皇的旗号互相掠夺，不必受法律和道德的约束，那么人类社会跟动物世界又有什么区别?

《卖炭翁》的伟大之处在于，让我们看到了白居易对朴素的产权伦理的捍卫。他用诗表达了他的同情、愤怒与批判。

在白居易写下这首诗1 000多年后，经济学家米塞斯在《自由与繁荣的国度》一书中写下了这样一句话：**“我们的文明以及一切文明的基础是产权制度。”**①

正确的经济学知识是一把利器，我们要用它来捍卫产权，做文明的守护者。

① 路德维希·冯·米塞斯. 自由与繁荣的国度[M]. 韩光明，等译. 北京：中国社会科学出版社，1995:100.

第18讲　资本

关于资本，你需要知道的一些常识

什么是资本？**资本就是能给人带来收入的东西**。

游戏和短视频可以给你带来快乐，但它们并不是你的资本。但是，当你可以通过打游戏和拍短视频赚到钱时，你打游戏、拍视频的技能才是你的资本。

工业革命时期，能创造财富的主要是土地、厂房和机器，也就是物质资本。

时代发展了200年，资本的内涵更加丰富，人们对资本的理解也更加深刻。

你的知识、学历和技能是你的人力资本。如果没有这种资本，你就很难生存和发展。为什么人们不直接去打工，而是要上十几年学？就是为了提升人力资本。为什么招聘建筑工人会优先选择有相关工作经验的？就是因为社会对人力资本有着一定的要求。

你的金钱、工具和设备是你的物质资本。不管办一家大企业还是摆一个路边摊，人们都离不开物质资本。

你的人脉能给你带来致富的机会，对你增加收入非常关键。因此，你的社会关系就是你的社会资本。美国政治学家罗伯特·帕特曼强调，社会资本会影响个人和群体的生产能力，在经济中起着非常重要的作用。当然，我们普通人即使没有看过这些专业的理论，也知道人脉就是生产力，以及朋友多了路好走。

那么，资本为什么重要？**因为资本可以提升效率**。

我们可以赤手空拳去抓鱼捕兔、播种收获。但是，有了渔网、弓箭、收割机等资本，效率会大大提升，产量会大幅增加。

经济学把先生产资本品后生产消费品的这种现象，称为“迂回生产”。比如，我们不是直接生产小麦，而是先生产化肥、播种机、收割机等资本品，然后利用这些资本品来生产小麦。也就是说，我们不是直接生产各种商品，而是先生产与商品相关的机器设备。

对于资本品的生产，投入高昂，技术门槛高，但是相比带给我们的收益，这是很值得的。

我们在微信公众号上写文章，在抖音、快手上拍短视频，在淘宝、拼多多上开店，这些平台都是资本。

我们可以想象一个没有资本的世界。

没有资本，老板就没法给我们发工资。

没有资本，就没有企业，就没有商场、超市和KTV。我们晚上想吃泡面都没有地方去买，更不要说吃火锅、唱歌。

没有资本，再伟大的发明创意也只能沦为纸上谈兵，因为没有人投资。

没有资本，再伟大的文学艺术也没有闪耀的机会，因为没有人出版和销售。

正是因为资本太重要了，所以落后地区的头等大事就是招商引资。例如，中国的资本流入非洲国家，就可以拉动当地的经济，让没有工作的人有活干，让无数穷人脱贫。更重要的是，资本创造的就业与投资机会让人们有机会“干中学”，让人们有机会学习关于生产、销售、投资和创业的各种知识，从而不断提升创造财富的能力。

第19讲　赚钱

古人喜欢赚钱吗

我和朋友计划聘请一位美女主播来讲财经知识。毕竟，短视频的蛋糕放在那里，谁不想去分一块呢?

朋友对我说，你可以参考一下抖音里的某个讲财经知识的博主，她讲得很好，并且拥有几百万粉丝。

我就看了看这位博主的视频，阅读量最高的一条视频是：彩票中奖一千万元，应该怎么兑换。

这条视频的内容很有意思。人们最关心什么，最渴望什么，嘴上不一定会告诉你，但是阅读量会告诉你，数据会告诉你。

这也符合我近几年的一个观察。文章标题只要和钱有关，其阅读量马上就会增加很多。教别人赚钱的生意是最好的生意之一，不管是类似“生财有术”这样的知识星球，还是教别人写作、营销、做短视频和社群运营的课程。

我在这类知识付费上花了上万元，也确实收获很大，像是打开了另一个世界。

为什么现代人关心赚钱？为什么跟赚钱相关的课程比满足别人求知欲的纯知识课程要火得多？是现代人特别爱赚钱，还是人性从来如此？

我在历史博物馆找到了答案。

春节期间，我去历史博物馆看了一场展览，即中国传统财富文化展。该文化展展览的是历朝历代的财神以及历朝历代的摇钱树。

看完展览我才知道，原来古人也这么渴望赚钱。光是“财神”，就有很多。

武财神：关羽、赵公明、柴荣……

文财神：比干、范蠡、李诡祖……

兼职财神：刘海蟾、灶王爷、土地公公、沈万三……

另外，祭财风俗也形形色色，比如四时祭拜、春节迎送、敬造庙宇、酬神赛会等。展览的介绍文字里说：

先秦时代，人们对富足生活的向往促成了祈财信仰的产生……明清时代，财神信仰逐渐深入人心，并不断发展壮大，佛道神祇、文臣武将、富商巨贾都逐渐被纳入财神体系。

看来，人们对财富的热爱与渴望延续了无数时代，从来不因改朝换代、移风易俗而改变，反而在时光流逝中更加坚韧。

爆竹相连不住声，财神忙煞共争迎。

只求生意今年好，接送何妨到五更。

——［清］海上钓侣《过年竹枝词》

《过年竹枝词》是博物馆里展出的一首诗，描述了古人拜财神的积极性。看来，古人也喜欢赚钱。

我们很容易被一些古代文人的清高理论误导，以为他们普遍轻视财富。其实，年年岁岁拜财神的爆竹声里，涌动着每一个时代老百姓最真实的财富渴望，这也是人们对幸福生活的渴望。

第20讲　炫富

不要炫耀不属于自己的东西

《哈利 · 波特》中有一起著名的炫富事件。

马尔福的父亲向斯莱特林魁地奇球队捐了七根全新的飞天扫帚。

七个人一齐把扫帚往前一举，七根崭新的、光滑锃亮的飞天扫帚，七行漂亮的金字“光轮2001”，在早晨的阳光下晃着格兰芬多队员的眼睛。

“很不错，是不是？”马尔福和颜悦色地说，“不过，也许格兰芬多队也能搞到一些金子买几把新扫帚呢。你们可以兑奖出售那些横扫七星5号，我想博物馆会出价要它们的。”[①]

① J. K. 罗琳. 哈利 · 波特与密室[M]. 马爱新，译. 北京：人民文学出版社，2000:63.

有些人的炫富得到了朋友圈大量点赞，马尔福的炫富却只得到了赫敏的打脸：

“至少格兰芬多队中没有一个队员需要花钱才能入队，”赫敏尖刻地说，“他们完全是凭能力进来的。”①

炫耀之心，人皆有之。马尔福到底做错了什么？

他和很多富二代有一个很大的不同，就是他每次炫富的重点不是自己家多么有钱，而是侧重于嘲笑别人的贫穷。

他瞧不起罗恩这样家境贫寒的同学：

他说：“我父亲告诉我，韦斯莱家的人都是红头发，满脸雀斑，而且孩子多得养不起。”

他转身哈利说：“你很快就会发现，有些巫师家庭要比其他家庭好很多。”②

他也瞧不起卢平这样穷困潦倒的老师：

马尔福傲慢的瞪了卢平教授一眼，把卢平教授长袍上的补丁

① J. K. 罗琳. 哈利·波特与密室[M]. 马爱新，译. 北京：人民文学出版社，2000:63.

② J. K. 罗琳. 哈利·波特与魔法石[M]. 苏农，译. 北京：人民文学出版社，2000:65–66.

和那只破烂烂的箱子都看在了眼里。[①]

马尔福的炫富是一种攻击性的炫富，是赤裸裸地表达对穷人的鄙视。

这是最容易树敌的一种炫富方式。

马尔福式的炫富会伤害到他人，而那些没有攻击性、没有敌意的炫富也会令人不爽。

事实上，任何一种炫富方式都会令他人不爽，区别无非在于令多少人不爽以及多大程度地不爽。

为什么人会炫富？因为自我炫耀是一种根深蒂固的人性。

刘润在《底层逻辑》一书中说："炫富是人性吗？是的。有的男性炫富，和孔雀开屏一样，也是为了争取异性，最终获得繁衍的机会。"[②]

几十万年前的某个原始人，用嵌着贝壳的石头制作了一把手斧，这是何其麻烦的事情。历史学家分析，他这么做的原因就是炫耀，就像一个现代人拎一个名牌包一样。原始人还喜欢搜集贝壳，贝壳除了当货币用，还有一大功能，那就是炫耀。

例如，一个与世无争的老爷爷会炫耀他种出的一个超级大的南瓜，一个读书人会引经据典炫耀学问，一个滑板少年会在广场

---

① J. K. 罗琳. 哈利·波特与阿兹卡班的囚徒[M]. 郑须弥，译. 北京：人民文学出版社，2018:67.

② 刘润. 底层逻辑：看清这个世界的底牌[M]. 北京：机械工业出版社，2021:8.

上炫耀他的高难度动作，一个健身达人会炫耀他的八块腹肌。

在某种意义上，人的一生就是不断炫耀和看别人炫耀的过程。

为什么种出大南瓜的老爷爷、藏书万卷的读书人在我们面前炫耀的时候，赢得的是我们欣赏的目光，而一个人在炫耀财富的时候却令人不爽，即使这些财富是他辛勤劳动取得的？

炫富和其他“炫耀”到底有何不同？是因为我们常常把金钱和罪恶、庸俗联系在一起，还是因为我们反对一个人为自己拥有的财富感到自豪？

一个更重要的原因也许是，每个人都要赚钱，在赚钱这件事情上，所有人都是同行，彼此竞争。

我们爱财富，胜过爱南瓜、学问和腹肌。**越是热爱，越是重视，人们就越难容忍别人拥有得比自己更多**。

一个人有权为自己取得的成就感到自豪，无论是古董收藏还是财富积累。一个人也有权为自己的特长感到骄傲，无论是擅长玩滑板还是擅长赚钱。

当一个人既没有特长又没有成就的时候，他的炫耀常常就变得具有讽刺意味。

有一种炫耀很危险，就是你炫耀的东西并不属于你自己。比如，你的财富是你父母的，你的炫耀只是在沾光。

在《哈利·波特》的故事里，马尔福炫富了很多年。在这些年里，波特成了传奇，赫敏和罗恩成了英雄，斯内普书写了惊心动魄的卧底传奇，邓布利多用生命守护了正义。马尔福本可以好好利用漫长时光成为一个厉害的人，让自己拥有炫耀的资本，可是他没有。在故事的结尾，他幡然醒悟，可是他已经付出了太多的代价，浪费了太多的时间。

他的生命是如此苍白。他一直在炫耀，却终究没有创造出值得被看见、被尊重的价值。

第21讲　贫穷

减少贫穷的有效方式

在经济学课堂上，我和学生们讨论了《薛兆丰经济学讲义》中的一道题。

如果一个国家的人总是靠低工资跟外国人竞争，自己的收入不足以投资孩子的教育，那么他们的后代永远只能给世界打工。你是否同意这种观点？为什么？①

人们特别喜欢讨论“低工资”，但“低工资”是一个非常具有迷惑性的概念。

那么，什么是“低工资”？

① 薛兆丰. 薛兆丰经济学讲义[M]. 北京：中信出版社，2018:320.

20世纪80年代，人们认为，农民工在工厂干一天活儿只赚10元是低工资。但是，农民工种地一天才赚1元，哪个是低工资？

低工资往往是旁观者的判断，而不是当事人的选择。

我当年写作投稿，很多篇文章的稿费是每千字50元。这是一份低收入吗？但相对于我在论坛免费发帖，它就是一份高收入。

某公司CEO（首席执行官）年薪1 000万元，这属于高工资吗？对很多顶级企业家来说，这个工资很低。

严格来说，世界上根本就不存在低工资，每一份工资对于当事人来说，都是他能选择的收益最高的工资。收益不仅包含金钱收益，还包含心理收益，比如离家更近、工作更轻松、职业更有发展潜力等。

同样，世界上也没有不合理的高工资。美国一些民众上街抗议大公司的管理层工资太高。其实，不是别人的工资高到了“不合理的水平”，而是基本的经济学常识和商业逻辑没有得到学习和积累。

在做职业选择的时候，我们只需要冷静地选择对自己来说最好的收益，不需要管别人嘴里的“高工资”“低工资”。旁观者也许认为你应该每天多坐两小时地铁去从事那份每月多赚2 000元的工作，但他并不清楚你的时间价值。

我们再来看一个问题：对于低收入者，他们负担不起高昂的教育费用，那么他们的孩子怎么办？

以中国为例，在实行市场经济之前，大多数人都是低收入者。

20世纪80年代，父母一天赚10元，孩子就可以读书；20世纪90年代，父母一天赚100元，孩子就可以读大学。

小时候，我看到无数的长辈起早贪黑地干活、打工和摆摊来供自己的孩子读书。

正是因为一代人辛苦打工，另一代人才有机会坐在有空调的办公室里工作。正是因为一代人省吃俭用，另一代人才有机会谈论诗与远方。

美好的改变永远只会在边际发生。不管是对于个人还是全世界，有效思维永远是如何才能减少一些贫穷、增加一些机会，而不是妄想一次性地彻底解决问题，从而进入黄金时代。

尊重市场、创造更多的就业机会，降低普通人的创业门槛，才是减少贫穷的最有效的方式。

善良不仅仅是一种动机，更应该是一种结果。

第22讲　道德

所有你想要的都请自己给自己

1997年春天，美国众议院决定授予特蕾莎修女一块金牌，表彰她为慈善事业做出的巨大贡献。

有一位议员站出来反对，这位议员就是美国著名的经济学家、政治家罗恩·保罗。罗恩·保罗认为，特蕾莎修女的人格和事业固然伟大，但众议院不应该拿美国纳税人的钱来表彰她。

奖励她的那块金牌需要花费3万美元。

罗恩·保罗提出了一个替代方案，那就是由他带头，每人捐100美元，以支付这块金牌的费用。只要在场每个议员都捐出100美元，购买这块金牌绰绰有余。

结果，在所有呼吁花纳税人的钱来表彰特蕾莎修女的议员中，愿意掏出100美元的人数为零。

“没有一个人乐意捐献他们自己的钱，展示他们所谓的信念和慷慨。”罗恩·保罗总结说，“当然，拿着别人的钱，对他人慷慨大方是很容易做到的。”[①]

2000年春天，罗恩·保罗再次站起来反对美国众议院授予美国前总统里根及其夫人金质奖章。

他再次呼吁议员众筹来购买奖章，结果那些支持花费纳税人的钱来颁奖的议员仍然没有响应。

我曾经去电影院看了《我的姐姐》这场电影。

女孩的父母在车祸中丧生，她准备把年幼的弟弟送到别人家寄养。结果，一帮亲戚大义凛然地批评她置自己的亲弟弟于不顾。愤怒的长辈冲过来准备扇她耳光，网上甚至还出现了谴责女孩“卖弟弟”的视频。网友义愤填膺，好像人人都是传统伦理道德的守护者。

但是，在这些亲戚中，有人愿意收养还在读幼儿园的弟弟吗？没有。

道德用来表演的时候是容易的，用来承担的时候是艰难的。表演者趋之若鹜，承担者寥寥无几。

自古以来，人性是普遍的，也是不变的，不管是在美国的众议院里，还是在《我的姐姐》的电影时空里。

那些喜欢慷他人之慨者，骨子里往往极度吝啬冷漠；那些喜欢用高道德标准苛责他人者，对自己往往要求极低。

---

① 罗恩·保罗. 繁荣基石：自由市场、诚实货币与私有财产[M]. 王文斌，等译. 北京：电子工业出版社，2016:410.

郑渊洁在童话里说："吝啬的真实含义不是舍不得花自己的钱，而是舍得花别人的钱。"

拔一毛以利天下，不为也。但是，拔别人的毛，抽别人的血，让别人成为代价，以满足自己的道德情怀，很多人就争先恐后。

愿我们永远也不要成为这样的人，愿我们永远记得：**所有你想要的，都请自己给自己**。

第23讲　慈善

为什么人们会觉得捐钱比赚钱更道德

赚钱和捐钱的本质都是一种帮助别人的方式，都是提供给别人想要的，让对方获得满足。其唯一区别在于，前一种“帮助”是收费的，后一种“帮助”是免费的。

赚钱是帮助别人的复杂方式：我们要辛苦工作，分工协作，参与激烈的市场竞争，承担风险和责任。如果我们的产品和服务不好，我们就会得到差评，甚至在市场中一败涂地。

捐钱是帮助别人的简单方式：零竞争，零风险，零责任。我们不会被取消捐钱资格，受捐人也不会对我们提出严苛的标准。

那么，问题来了：为什么捐钱可以给人们带来巨大的道德满足，赚钱却不能？为什么大部分人认为捐钱是道德的，却不会称赞赚钱是道德的？

第一个原因是边际效用递减。

物以稀为贵，无论是客观物品还是主观体验。

如果偶尔坐一次过山车，那么我们会觉得惊险刺激；如果天天坐过山车，我们就会想吐。如果偶尔捐一次钱，那么我们会觉得道德感爆棚；如果在慈善机构里领工资工作30年，那么我们可能会变得麻木。

虽然捐钱和赚钱都是在帮助别人，但捐钱只是偶尔为之，赚钱是每天的工作。也许上班第一天，我们想着自己是在为用户创造价值，充满道德满足感。但是，日复一日，边际效用递减，我们可能再也不容易因为自己赚钱是在帮助他人而感到自豪了。

第二个原因是反馈不同。

赚钱是一种劳动，捐钱是一种消费。

劳动使人痛苦，消费使人快乐。

人的本性是“好逸恶劳”，这就意味着世界上最快乐的事莫过于“不劳而获”。比如，别人送我们一份价值100元的礼物，我们会感到惊喜。但我们干一天活，即使赚了1 000元，也不会产生收到礼物的那种惊喜和快乐。

理同此理，人同此心。不管是给路边乞丐捐钱，还是给非洲儿童捐钱，无论是乞丐的感恩戴德，还是公益网站上非洲儿童拿着盒饭灿烂的笑脸，这种反馈都很容易让我们体会到受捐赠者的快乐，我们也会被这种快乐感染，从而获得巨大的道德满足。

第三个原因是理解成本不同。

理解捐钱背后的美德不需要学习任何知识，哪怕是幼儿园小朋友也可以理解，而理解“商业是最大的慈善”这种观点却需要学习经济学知识。

每个人的生活都是很累的，每个人的心力都是稀缺的。很多时候，我们并不愿意学习和思考经济学的复杂逻辑，更愿意凭直觉行事。

商业社会的劳动分工是复杂的。很多人看不到消费者使用自己产品时的便利、满足与快乐，不容易想象到自己赚钱其实就是在帮助别人。

道德往往是由他人来评价的。当一个社会中的大多数人认为捐钱比赚钱更道德的时候，只有捐钱才能获得更大的“道德收益”，比如媒体的报道、他人的掌声。

哪怕一个人为了赚钱用伟大创新造福了全人类，可能也没有他捐出1 000万元赢得的掌声多。很多时候，他人的认可和赞美会让我们产生强烈的道德满足。

第24讲　成本

为什么人们喜欢谴责社会的冷漠

为什么人们特别喜欢谴责社会的冷漠？

第一，风险低。谴责任何一个具体的人，都可能会得罪对方。

比如：看到有人在电影院里大声喧哗，我们站起来制止他，对方可能会恼羞成怒；看到有人在公交车上盗窃，我们大声斥责，小偷可能会打击报复。但是，批评“社会”是没有任何风险的。

第二，成本低。要想批评具体的个人或者组织，我们需要有理有据。人类有一种维护自己正确的本能。我们批评任何人，对方都可能会进行辩解，甚至对我们进行反批评。这样的争论需要消耗我们很多时间和精力。但如果批评社会，我们就可以简单粗暴地说一句“社会太冷漠”了，反正社会不会还口，不会和我们争论，也不会消耗我们的时间。

第三，逃避责任。路见不平时，挺身而出是危险的。但如果我们把责任推卸给社会，心里就会好受很多。“面对邪恶，你做了什么？”“我谴责了社会。”

第四，彰显深刻与格调。任何事情都上升到社会层面，就会显得很深刻，很有格调。就事论事往往是枯燥的、平凡的，并且没有宏大叙事的快感。

第五，获得道德优越感。为什么古代文人喜欢感叹“世风日下，人心不古”？因为他们觉得自己既是社会的一员，又是高于社会的存在。为什么现代人喜欢谴责社会的冷漠，道理亦然。他们觉得“大众”是麻木的、冷漠的，而自己是热血的，清醒的，是“铁肩担道义”的少数人。当然，这往往是一种道德幻觉。我们以为自己的道德水平高于“大多数”，以为自己是“少数人”。

其实，“社会”在很多时候只是一个空洞的名词。作为一个名词，“社会”不会思考，也不会行动；“社会”不会很热血，也不会很冷漠。行善与作恶的，永远是具体的人。能够给社会带来边际改变的（无论是向好还是向坏），也永远是具体的个人、群体的具体行为。

无论是大庭广众之下被偷走了钱包，还是在校园里目睹了一场霸凌……冤有头，债有主，最重要的事情永远是批判、抵制乃至惩罚具体的恶，而不是笼统的谴责社会的冷漠。这种谴责固然是安全的，但零风险的事情，往往也意味着零收益。

“社会”是不会改变的，但人会改变。如果要解决问题，比如实现改进、赞美、批评、求助、惩罚，越具体越好。

现代人喜欢批判社会太冷漠，其实和古代人喜欢批判“世风日下，人心不古”一样，是一种大而空的陈词滥调。这种套话既不利于我们解决问题，也不利于我们训练自己的思考能力。

第25讲　全球化

世间伟大的事业大多是为了钱

冬令营期间，我带学生们玩了一款叫《大航海时代》的桌游。

为什么会有大航海时代？起因是西方人想要寻找黄金与香料。

人们想要黄金很好理解，但是为什么还想要香料？

因为那时候香料很值钱，相当于另一种黄金。比如当时的胡椒，就被称为“黑黄金”，一度扮演着临时货币的角色。

虽然当时的欧洲对黄金如饥似渴（大多数黄金在阿拉伯人手里），但在大部分欧洲人眼中，香料比黄金更重要。……在西班牙，人们冒险出海的普遍理由就是希望找到香料群岛，发家致富，这可能也是他们敢于冒险的唯一理由。假如一名水手耗费人生数年光阴前往香料群岛，然后以合法或非法手段带回一小袋类似丁香和肉豆蔻的香料，那么卖香料的钱不仅足够他买一幢小房子，还可以让他安稳度过余生。[1]

我还和学生们去看了广州的粤海关博物馆、十三行博物馆、岭南金融博物馆，看到了很多历史资料。

为什么康熙要开放海禁？为什么西方商人要漂洋过海做生意？为什么晚清的作坊生产了那么多西洋美术风格的艺术品？其实，答案就一个字——钱。

世间伟大的事业，大多是为了钱。

很多人的思考到这里就结束了。在人生的某个阶段，他们自以为发现了人世间的真相，动辄轻蔑地来一句：还不都是为了钱吗？他们认为，以前崇拜的大人物或者以前敬佩的伟大事业不过如此。

这种境界属于“看山不是山”。

其实，哥伦布、麦哲伦、达·迦马和普通的打工人一样，但为什么他们就是伟大的航海家，并且开启了一个新时代而名垂史册呢？

因为他们发现了新大陆，促成了地理大发现，推动了全球化，让新的贸易和知识惠及了无数的普通人。

---

① 劳伦斯·贝尔格林. 黄金、香料与殖民地[M]. 李文远，译. 北京：新世界出版社，2019:21.

是否伟大，不是看为了什么，而是看做了什么；不是看初心，而是看结果。

在粤海关博物馆里，我们看到了康熙的海禁政策。当初，为了收复台湾，朝廷的一道“迁界令”，带来的是“无数迁民家破人亡，颠沛流离”“八郡之民死者以数十万计”。后来，为什么朝廷又开放海禁了？因为当时台湾已经收复，朝廷要考虑百姓的生计。开放可以带来源源不断的关税，可以让各种国外的好东西源源不断地送到皇帝的府库。粤海关主官由皇帝亲信担任，专门负责为皇帝筹措物资和金钱，后来负责和洋商贸易的十三行则被称为“天子南库”。

哪怕是统治者为了一己私利而选择开放，也让无数人有了生机和更好的生活。

如果结果是好的，初心就不再重要；如果结果是坏的，再好的初心也难辞其咎。

自大航海时代至今，商船往来于四海，货物流通于天下。明明这是为了钱的庸俗商业，为什么就伟大呢？为什么这些事迹要放在博物馆里展览呢？

因为相比帝国为了征服和奴役而席卷世界的军队，满载货物的商船就是文明之光。因为相比统治者实施海禁导致沿海无数居民家破人亡，开放海禁给了无数人活路与生机。

相比征服与奴役，相比为了竞争稀缺资源而展开无穷无尽的战争与杀戮，“赚钱”这种手段是伟大的。

虽然从大航海时代开始的全球化过程也伴随着暴力，但文明的路径是：逐渐用市场的逻辑取代了强盗的逻辑，陌生人更多的是用钱来交换，而不是掏出刀来互砍。

天下承平日久，贸易已成日常。我们已经忘记了千百年前的陌生族群更喜欢用什么样的方式打交道。

交易创造财富。全球化的重要性在于创造了无数新的交易机会。

由于这些交易机会的存在，自然资源贫瘠的国家能够繁荣富庶，普通消费者能够像帝王将相一样让全世界无数杰出的头脑为自己服务，并能享受各种先进的技术和产品。

当下的人们哀叹“内卷”，其实是交易机会缺乏增量。创造新的交易机会，千难万难：航海家的船队穿洋过海，九死一生；投资者承担巨大风险，赌上身家；创新者经历无数失败，呕心沥血。而减少交易机会，何其简单，就像我们在历史博物馆里看到的那样，只需要君主发布几条禁令。

200多年前，亚当·斯密把他的著作命名为《国民财富的性质和原因的研究》，即《国富论》。其实，关于财富的这个庞大话题可以浓缩为一个简洁的问题，一个像思维工具一样帮助我们去判断历史上种种经济政策的问题：这么做会增加交易还是减少交易？

第三部分

流行与真相

事实并不总是支持流行的说法。

——托马斯·索维尔

第26讲　理性

经济学被推翻了吗

有人说，经济学假设人是理性的，但事实上人并不理性。所以，经济学的这一假设并不成立。

我们日常所说的“理性”一般有两种含义。

第一种理性是形容词，与感性相对，意味着更冷静的态度、思考和决策。比如，张三比李四更理性，或者张三算账时比写诗时更理性。这种理性经常包含了对行动结果的价值判断，理性的含义往往等于结果的正确、科学、效果更好。再如，张三投资比较理性，赚了很多钱；面对司马懿的羞辱，诸葛亮表现得非常理性。

第二种理性是名词，意味着人有思考、判断和逻辑推理的能力。比如，人有勇气运用自己的理性。

经济学中的“理性人假设”更接近于第二种含义，与我们日常所说的理性存在着区别。

因为理性有不同的定义，人们在听到“理性人假设”时就很容易在情感上产生误解和排斥。

经济学假设人们追求约束条件下的利益最大化，并且总是试图以最小成本来换取最大收益。

年薪10万元的工作还是100万元的工作更容易招到人才？朝九晚五的工作还是天天加班的工作更容易导致员工流失？当其他条件不变时，这些问题的答案是不言而喻的。人性趋利避害，而理性能够让人认识到利害，从而选择手段来趋利避害。

特别需要注意的是，“利益”是主观的、多元的，不只是金钱利益、物质利益。政治家追求权力，艺术家追求美，健身达人追求更加强健的身体，生存主义者追求苟全性命于乱世，游戏玩家追求刺激和快乐……他们都是在追求自身的利益。

人们对“理性人假设”的质疑主要包括以下两种。

第一，人并不追求利益的最大化。比如，很多人放弃年薪百万元的华尔街工作，去非洲做志愿者。

第二，人们在决策时并不深思熟虑，并不会每次都在大脑斟酌一番。相反，面对广告和促销，人们往往头脑一热就下单。

经济学家对这些质疑的回应有两种。

第一，利益不仅包括物质利益，还包括心理收益。虽然做公益和旅行不赚钱，但它们可以给人带来心理收益。哪怕是去非洲做志愿者，人们也会权衡哪里更需要帮助和哪里更安全，以及加入哪个慈善组织更能发挥自己的价值。人们同样是在追求约束条件下“利益”的最大化。

第二，头脑一热就下单，也是一种理性选择，而不是本能的驱动或者习惯的控制（非理性）。如果朋友送我们礼物，那么我们想都不想就会接过来；如果对手送我们礼物，我们就会有所警惕。理性依然在发挥着作用，指引着我们趋利避害。

米塞斯在《社会科学中对“非理性”的处理》一文中说：“一个人的绝大部分日常行为是常规性的，他养成习惯，他也形成自动的反应。但**他沉迷在这些习惯中，则是因为他中意这些习惯的结果**。只要他发现这些习惯不利于他达到更令他愉悦的目标，他就会改变他的态度。一个在清洁水源地带长大的人会养成随意饮水、洗涤、洗澡的习惯。当他移居于水源被致病病菌污染的地方时，他将会极为注意以前根本不在意的程序，以免因不假思考地沿袭他的无意识反应或他传统的常规方式而损伤自己。一个行动在事件的常规过程中被自发执行，这并不意味着行动不是因为意志而产生的。”①

米塞斯说的“意志”，也可以理解为“理性”。

米塞斯对理性的定义是，人有能力认识到手段和结果之间的因果关系，并且选择手段去达成目的。

米塞斯说：“行动意味着有目的的活动，行动与人体内发生的生物学的、本能的过程是不同的。行动受意志与理智的调节与指导。”②

---

① 路德维希·冯·米塞斯. 货币、方法与市场过程[M]. 戴忠玉，刘亚平，译. 北京：新星出版社，2007:21–22.

② 路德维希·冯·米塞斯. 货币、方法与市场过程[M]. 戴忠玉，刘亚平，译. 北京：新星出版社，2007:21.

熟悉奥地利学派经济学的朋友都知道，奥地利学派经济学研究的是“行动人”：人的行动都是理性的。和“行动”相对应的是身体的自然反应，比如看到美食会流口水和膝跳反射。

理性不等于正确，理性不等于做出旁观者眼里的“最佳选择”，理性不等于事后视角下的正确选择。

古代人遇到困难会求神拜佛，这是因为他们认为这些手段有可能达成自己的目的，他们运用理性选择了这些手段。

在现代人看来，这些行为无疑是不理性的，因为双方的知识结构截然不同。

其实，经济学不需要“理性人假设”。

首先，关于“理性人假设”的定义和认知混乱不清。什么是理性？什么是利益？什么是约束条件？什么是行动者本人的最大利益？批评者和支持者并没有一个统一的认知，双方莫衷一是，导致了大量的无效争论。

其次，经济学根本不需要建立在“理性人假设”之上。奥地利学派经济学建立在“人的行动是有目的的”这一公理之上，薛兆丰则认为经济学建立在“稀缺”这一基础之上。

在现实中，多数经济学教材和经济学科普著作并不会一开篇就探讨“理性人假设”这个话题，甚至大多对这个问题避而不谈。行动反映偏好，这也是用行动做出了无声的选择，即经济学并不需要“理性人假设”。

但是，这不意味着我们要否定人的理性。

事实上，人如果没有理性，也就不存在包括经济学在内的一切科学，甚至不会有市场经济。

没有理性，我们的生活将和动物世界没有区别。

通过强调“人并不是理性的”来否定经济学的说辞已经流行了上百年，其背后是对经济学的误解与敌意。经济学并不是一门讨人喜欢的科学。经济学研究“稀缺”，研究事与愿违的规律，揭示客观世界的经济规律对人的愿景和行为的残酷约束。经济学戳破了无数人“我想要就必须得到”“我想要就一定能做到”的迷梦，在情感上对很多人是一种冒犯。作为反击，否定经济学这门科学的努力从未停止。

米塞斯分析了这种借“人并不是理性的”来否定经济学的心理。

> 他们不能在逻辑上驳倒经济学理论的主张，但这并不能阻止他们得出与之相违的结论。他们也不害怕制造谬论。他们的唯一理由就是：生活是非理性的。①
>
> 对社会科学广泛轻蔑的真正原因在于，人们不愿接受自然对人的行为施加的限制。这种不情不愿潜在地存在于每一个人身上……由于必须为任何东西付出代价和从来不能获得完全的满足，人们因此而感到不幸。他们责怪社会科学，他们蔑视社会科学，因为它描绘了世界的真实状况而非他们喜欢的状况，也就是

① 路德维希·冯·米塞斯. 货币、方法与市场过程[M]. 戴忠玉，刘亚平，译. 北京：新星出版社，2007:33.

那种有无穷机会的宇宙。他们并不足够明智，因而未能理解：生活正是对于逆境的积极抗争，生命就体现在这一抗争中，心智正常的人不能想象完全无拘无束的生活。理性是人在为生存而进行的生物学意义上的斗争中最为重要的装备。[①]

① 路德维希·冯·米塞斯. 货币、方法与市场过程[M]. 戴忠玉，刘亚平，译. 北京：新星出版社，2007:38.

第27讲 泡沫

金融史上的三大泡沫

“泡沫”是一个特别容易引起误解和争论的经济学术语。

“泡沫经济”的一般定义是：“因投机交易极度活跃，金融证券、房地产等的市场价格脱离实际价值大幅上涨，造成表面繁荣的经济现象，简单来说就是价格脱离价值。”

但是，熟悉主观价值论的朋友都能看出：这个定义是有问题的。什么叫“价格脱离价值”？世界上的任何商品、任何事物，并不存在一个客观的“内在价值”或者“实际价值”。例如，贵州茅台的股票、凡·高的画作，有谁知道它们的“实际价值”是多少？“市场价格”和“实际价值”的区别是什么？

专门研究“泡沫”的经济学家彼得·加伯认为：“在经济学和金融学中，泡沫是一个模糊不清的词汇，它缺乏一个固定的可操作的定义，人们可以随意对它进行解释。……泡沫的含义贫乏空洞而又无用。”[①]为了厘清这一概念，他专门写了一本书，即《泡沫的鼻祖：早期金融狂热的基本面》，分析了金融史上的三大泡沫：郁金香泡沫、南海泡沫和密西西比泡沫。这本书的内容概括起来就是：人们关于“经济泡沫”的理解基本上是错的。

一、郁金香泡沫

一谈到泡沫，人们首先会想到郁金香泡沫。

流行的故事版本是这样的：发生在17世纪荷兰的郁金香泡沫，是人类历史上有记载的最早的投机活动；人们对财富的狂热追求，导致千百万人倾家荡产，荷兰的经济因此陷入了长达3年的瘫痪。

这个故事是真的吗?

专门研究郁金香事件的历史学家安妮·戈德加在她的《郁金香：荷兰黄金时代的金钱、荣誉和知识》一书中告诉我们：“参与所谓郁金香狂热期交易的人数只有350人。这些人都是商人，没有一个平头百姓。在整个交易期间，支付超过300荷兰盾的只有37人。300荷兰盾还不至于让当时的荷兰商人倾家荡产。历史记录也看不到有任何一个荷兰人因为投资郁金香而破产。”[②]

① 彼得·加伯. 泡沫的鼻祖：早期金融狂热的基本面[M]. 陈小兰，译. 北京：北京大学出版社，2018:9.

② Anne Goldgar.*Tulipmania: Money, Honor, and Knowledge in the Dutch Golden*[M].Chicago：University of Chicago Press,2008.

商人投资的并不是郁金香花朵，而是少数珍贵的郁金香球茎。这些球茎因为感染了病菌，开出的花朵异常美丽。珍稀的郁金香球茎作为一种潮品，价格剧烈起伏，至于后来不再流行，其地位被风信子取代，本来就很正常。

那么，我们平时听到的郁金香泡沫的故事是怎么流行起来的呢？

当时的荷兰非常富有，经济发达。一些作者担心人们被财富冲昏头脑，忧虑人们竟然愿意为了一朵花而付出不可思议的高价，于是编写了一些故事。在这些故事里，整个社会为郁金香陷入了疯狂，连扫烟囱的工人都参与了郁金香投资，某个水手甚至因为不小心吃掉了郁金香球茎而被关进了监狱（听起来是不是很荒诞？）。

这些故事虽然是虚构的，但非常具有传播性，以致在后来的历史中被以讹传讹，成为一个市场失灵的经典案例，被无数经济学家翻来覆去地分析。

故事永远比真相更具备传播力。一些似是而非的概念（比如“市场失灵”“非理性繁荣”）也很忽悠人。

物以稀为贵，哪怕是到了当代，某些新品种的花卉球茎依然可以卖出天价。

1987年的成交记录显示：一些非常特别的郁金香球茎新品种可以卖到每千克5 000荷兰盾，少量的原始百合球茎售价100万荷兰盾。

对于缺乏投资经验的知识分子和普通人来讲，这样的“天价”是难以理解的。

陈兴杰说：“知识界看不懂商人一掷千金的消费和投资，拼命攻击‘市场疯了’‘贪婪让人失去理性’。”

彼得·加伯说：“（泡沫的）这种定义不过是表明，发生的某种事情我们不能解释。”

二、南海泡沫

金融史上的南海泡沫非常有名。

1720年，南海公司揽下英国1 170万英镑的国债。这些资产由英国在南美洲及太平洋地区贸易的垄断特权等组成。根据约定，这些特权包括在海上进行小规模交易，特别是奴隶贸易。

南海公司通过炒作它在西班牙南美洲的殖民地贩卖奴隶的垄断权（当时贩卖奴隶是热门生意）来抬高股价。但问题是，当时西班牙正好跟英国在打仗，相关贸易受到西班牙政府的百般阻挠，奴隶贸易根本无利可图。

南海公司不仅购买国债为国分忧，还用股票向议会要员和国王亲信行贿，并且通过认股申购让众多议员和政府官员参与其中。在第三次认购时，参与的国会议员达352位，贵族达119位。

有了国家背书，加上疯狂炒作，南海公司的股价自然一路飙升，从每股164英镑涨到775英镑，直到后来暴跌。

著名科学家牛顿也参与了这次投资，并因此亏得倾家荡产，还留下了一句被无数人引用的名言：“我可以计算星球运动的轨迹，但是不能够预测人类的疯狂程度。”

和郁金香泡沫一样，南海泡沫也常常被用来宣传市场失灵和投资者的癫狂。

但南海公司并不是正常市场经济中的私人企业，而是一家具备垄断特权的“国企”，只有它才可以参与南美洲的贸易事务。这家企业当初由财政大臣哈利等人创立，在1718年由国王乔治一世任董事长。在泡沫破裂后，南海公司岿然不动，继续堂而皇之地存在着。英国18世纪、19世纪的历任君主均是南海公司名义上的主管。

南海泡沫是泡沫吗？显然不是，这是一起明显的商业欺诈，是英国政府为了解决债务问题对民众进行的巧取豪夺。

对于专业投资人和其他领域的专家来说，如果承认投资失败错在自己，就会非常不利于自己的个人品牌的建立，从而带来更多的损失。这也是经济学家和美联储官员喜欢谈论“经济泡沫”和“非理性繁荣”的原因。

三、密西西比泡沫

1775年，由于路易十四发动战争，法国政府破产了。

法国急需一个能像变戏法一样变出钱的人。这时，理财大师约翰·劳出现了，他提出了一个后世读者都非常熟悉的解决方案，即印钞。

1720年，约翰·劳出任法国总审计长、财务总监，控制法国政府所有的财政收支以及法国银行的钱币铸造。同时，他还是密西西比公司的CEO，这家公司控制着法国所有的海外贸易及其殖民地的开发、征税、铸造硬币，还持有大量的法国国债。

猜猜这家公司的大股东是谁？答案是国王。

再猜猜这家公司的商业手段是什么？答案是欺诈和印钞。

约翰·劳派人四处散布消息，说在密西西比河流域的地下发现了大量金银，公司的使命就是去开采金银。

然后，密西西比公司左手印钞，右手给股票购买者提供贷款。靠着这种神操作，密西西比公司的股价一路飙升。随着通胀的持续，社会上各种资产的价格不断上涨，大量的百万富翁应运而生。

“百万富翁”就是在那时候第一次成了流行词。[①]

当然，不断增发的纸币并非真实的财富，货币戏法总有结束的一天。在泡沫破裂后，约翰·劳成为替罪羊，逃亡海外，而国王早已在投机高峰的时候卖掉了他的10万股股票。

当时，人们把这件事归咎于约翰·劳，非常警惕通胀；后来，人们则以讹传讹，把问题归咎于市场的非理性或者泡沫。

这起事件的本质很简单，那就是统治者制造了超级通胀。

很多人们所谓的泡沫，其实并不是泡沫。

---

① 默瑞·N. 罗斯巴德. 亚当·斯密以前的经济思想：奥地利学派视角下的经济思想史（第一卷）[M]. 张凤林，等译. 上海：商务印书馆，2012:517.

有些是人们难以理解的价格现象，比如郁金香泡沫；有些是商业欺诈或骗局，比如南海泡沫；有些是通胀，比如密西西比泡沫；有些是通胀和信贷扩张带来的经济周期，比如历史上很多国家的经济危机。

这些经济现象往往非市场之罪，当时的人们甚至不乏清醒的认知。但后来的评论家习惯于让市场充当反派，大概是因为这种故事模式，无论是对于评论家还是对于读者，都更容易理解和讲述。

故事讲一千遍，就变成了人们心中的真相。

第28讲　价值

钻石骗局是真的吗

网上时不时就会出现关于“钻石骗局”的爆文。

这些爆文的大意是说：钻石并不稀缺，只是被某些珠宝企业垄断了，人为制造了稀缺的假象，通过“钻石恒久远”之类的广告来诱惑人们消费。

钻石骗局是真的吗？这里涉及三个核心问题。

第一个问题：什么是稀缺？

任何一本经济学教科书都会告诉你稀缺是指“相对于人类无穷的欲望，资源是稀缺的”。需要说明的是，经济学中的稀缺和我们日常表达中的稀缺有所区别：我们日常说的稀缺往往是形容特别罕见的东西，经济学讲的稀缺品则是一切需要我们付出代价才能得到的东西。

稀缺与否，与数量多少无关。

我的绘画作品虽然只有一幅（数量非常稀少），但是并不稀缺，因为人们不“缺”它。

缺就是需求。

钻石是否稀缺，和数量有多大关系呢？美元发行了无数张，影响稀缺吗？

更何况，决定价格的是供给和需求。供给量是指商品在市场上出售的数量。不管是黄金白银还是钻石，任何资源在地球上的储存量都不等于供给量。一个东西即使在地球上的储存量无限多，但没有人销售，其供给量也是零。

那些认定钻石是骗局的人，往往没有深刻地理解稀缺和供给。

第二个问题：什么是价值？

很多批判钻石骗局的人没有理解经济学中的主观价值论。

我们避之唯恐不及的臭豆腐，可能是别人心中的美味；我们觉得乱七八糟的印象派绘画，可能是别人眼中的艺术瑰宝；我们眼中一块平凡普通的发光石头，可能是别人眼中美若星辰的璀璨宝石。

钻石批判者信奉的往往是两种价值理论：一是实用价值论，二是成本决定论。

这两种价值理论早已被淘汰，因为它们不能解释世事，不能解释真实世界中人的行为。

按照“钻石是骗局”的逻辑，请问婚纱是不是骗局？穿起来麻烦，价格又贵。婚礼是不是骗局？一本正经立下的誓言也没几个人遵守。婚礼是不是为了收份子钱?

答案是：这些事物在具体的时刻和钻戒一样，对具体的人而言，是有很大价值的。它们可以带来仪式感、神圣感、确定感以及美感。

如果它们不能给消费者创造价值，消费者根本就不会选择它们。

我反复讲过：相比真材实料和实用价值，**感觉更值钱**。在大多数情况下，人们都是在为感觉付费。可乐让人们觉得过瘾，奢侈品让人们觉得有格调，大房子让人们觉得舒适有面子，名牌产品让人们觉得安全可靠，经典名著让人们觉得崇高。

钻石也是一样的，钻石的价值就在于它带给人们的感觉。**实物不值钱，感觉才值钱**。从来没有东西是因为实用价值而在拍卖会上拍出高价的。

第三个问题：什么是需求?

很多人坚信，钻石和许多奢侈品都是商家制造出来的需求。

《人类进化史》等著作告诉我们，人们天生就喜欢珠宝，喜欢奢侈品。我们的祖先用贝壳制作项链，搜集宝石等各种美的东西。这些需求难道是原始社会的商家制造出来的吗?

理论上，人为地刺激需求是可以做到的。比如，我斥巨资宣传我的绘画作品，可能会让它从一文不值变成人们渴望的时尚商品。

价值是主观的。当人们相信我的绘画作品有价值时，购买就是获利。这种利益是一种消费欲望的满足，是一种心理收益。

当然，不管是钻石还是其他商品，很多人确实不喜欢、不认可。我们可能觉得碳水化合物是毫无营养的，应该立法禁止；我们可能觉得印象派绘画就是一团糨糊，纯属浪费纸张和颜料；我们可能觉得新上映的超级英雄大片是对审美的侮辱，即使电影票免费我们也不会去看；我们也可能觉得一切理财产品、奢侈品、知识付费课程都是在“割韭菜”。

我们可以坚持自己的偏好，但我们要明白，价值是主观的，其中没有标准答案，也不需要标准答案。居高临下的自负，并不会增进我们对他人的理解。

只要大量的消费者依然认为结婚需要钻戒，钻石的供给没有突然间无限增加，人们的观念还没有发生天翻地覆的变化，从前喜欢钻石的人还没有弃之如敝履，钻石的价值就依然存在。

第29讲 广告

关于广告的十个真相

广告无处不在，人们对广告的误解也无处不在。

（1）很多人误以为广告是现代商业社会的产物，其实2 000多年前就有广告了。先秦有悬帜广告，汉代的卖饴糖者用箫管发音作为广告。古希腊商人请人在街头宣扬动听的广告词，贩卖自己的化妆品。广告词是这样的："为了闪亮的眼睛，为了朝霞般的脸颊，为了青春流逝后继续貌美如花，快抢购（某化妆品）吧。"

（2）那些宣称零风险、高收益的理财广告，大多是骗局。

（3）最糟糕的广告不是"今年过节不收礼，收礼只收×××"，而是"没有中间商赚差价"。

（4）很多商家抱怨自己的产品和服务很好却无人问津。但他们的广告和营销一塌糊涂，甚至连一张符合审美的宣传海报都没有。合格的商家不仅要以产品质量差为耻，还要以自己的广告营销太差为耻。

（5）很多读书人痛恨腰封，觉得这种庸俗的广告形式玷污了图书的品质。我自己则收藏了几千条腰封，希望有一天能办一次“腰封展”。不管是广告还是其他事物，新的视角常常会让你发现新的趣味与价值。

（6）很多人不愿意花一分钟思考广告是不是事实，却愿意花很多时间抱怨自己被广告骗了。

（7）政客的演讲也是一种广告，并且遵循着类似的话术。

（8）广告是商家纳给消费者的一份“投名状”。商家用巨额的沉没成本（广告费）来购买消费者的信任。世界上最值钱的就是信任。没有信任，90%以上的交易不会发生。

（9）很多劣质产品的推销员有一套话术：“因为名牌把钱用来打广告了，所以价格更高。”其实，广告费用并不必然推高生产成本。因为广告带来的巨大销量可以转化为规模效应，生产得越多，单个成本就越低，价格也就越便宜。

（10）现代社会中的每一个人都是交易者，每一天都在和广告打交道。广义来说，我们的衣着言行、微博和微信朋友圈都是在为自己打广告，都是在告诉别人自己是什么样的人，可以提供什么样的服务。所以，电梯里的广告、朋友圈里的广告，看看无妨。这些是难以规避的信息骚扰还是一种学习材料，完全取决于我们的心态。童话大王郑渊洁就特别喜欢街头小广告，还将其装订成册反复阅读，从中学习如何用最简洁的语言吸引读者。

第30讲　消费

消费主义是伪概念

知识分子特别热衷于批判“消费主义”。

他们中的很多人压根说不清“消费主义”到底是什么意思。

所谓的“消费主义”，其实是一个莫须有的概念。这个概念的背后是知识分子的反市场心态。

因为在市场经济中，大众崇拜的是企业家、流量明星，而不是满腹学识的知识分子，收入最高、最有地位、享受鲜花和掌声的也不是他们。

明明满腹经纶，为何受人冷落？明明心怀苍生，为何无足轻重？大众为何崇拜金钱而非学识？最好的资源为什么不能按照知识水平和道德水准来分配给他们？人们为什么争相购买化妆品，而不是严肃的学术书？这就是知识分子的反市场的心态。

当然，批判“消费主义”的观念之所以流行，背后还有另外两个原因。

一是黑暗的人性观。在许多宗教文化中，人是天生败坏的罪人，是来这个世界受苦、受难和受惩罚的，是不配得到幸福的，应该在无穷无尽的痛苦绝望中等待某些神灵（或者知识分子创造的高明理论）的拯救。曾任美国心理学会主席的马丁·塞利格曼就揭示说：“很多人认为幸福感不是真实的，更多的人认为人类的积极动机是不存在的。我把这个在许多文化中都有的人性观叫作‘根都烂掉’教条。……这个教条除了存在于宗教，还同时遍布于艺术和社会科学中，影响这些学科对人性的看法。”[①]

二是“返祖”现象。从进化的角度来看，我们能够理解某些人对“消费主义”的敌视。人类（作为动物）的头等大事是繁衍，不是快乐、幸福等。部落所有的财富（比如粮食、兽皮）都应该被储蓄起来，等到发生天灾的时候，人就不会饿死、冻死。喜欢拿财富去消费的原始人是很容易灭绝的。原始部落的长老要考虑的是生存繁衍，而不是张三做一件漂亮衣服、李四做一双好看的鞋、王五花费一下午时间在石斧上镶嵌了一个美丽的贝壳。为了这些消费品，消耗部落宝贵的资源（比如粮食）是不可容忍的。

经济的发展让我们享受越来越丰裕的生活，但人的思维并

---

① 马丁·塞利格曼. 真实的幸福[M]. 洪兰，译. 沈阳：万卷出版公司，2010:6.

不会随着经济发展而自动更新，思维只能通过后天学习而不断进步。

一个原始人不能理解产权，不能理解主观价值论，更不能理解交易创造财富。

一个现代人，如果不学习经济学知识，也同样不能理解市场的逻辑，更容易被“消费主义”这类词忽悠。

第31讲　娱乐

娱乐也是一种生产力

我经常看到，某篇文章在煽情地讲某个科学家、某个公益领袖或支教老师，结尾突然强行插入一段批判性文字：为什么伟大的灵魂无人关注，明星的八卦却总上热搜？大众的宝贵的注意力都被娱乐新闻占据了，真是娱乐至死、戏子误国啊！

戏子不会误国，愚昧的观念却会误脑。

明星的收入之所以高，是因为大众喜欢他们，愿意为他们花费时间和注意力，愿意为他们的影视作品和代言的产品买单。还有一个原因是，他们稀缺。

许多自媒体批判人们只关注明星，却不关注科学家，故意把明星和科学家对立起来。这种情绪煽动可以带来巨大的流量，但并不利于人们理性思考。

娱乐也是一种生产力，让无数人放松和快乐。这也是一种价

值，一种不亚于其他工作的巨大价值。

为什么自媒体特别喜欢对比明星和科学家的收入呢？

新媒体传播课的老师告诉我：制造爆文的关键在于调动读者的情绪。

当他们批判明星天价片酬的时候，他们拎出了科学家。

当他们批判富豪一掷千金的时候，他们拎出了科学家。

当他们批判青少年追星的时候，他们拎出了科学家。

当他们批判贫富差距的时候，他们拎出了科学家。

当他们批判戏子误国的时候，他们拎出了科学家。

当他们批判流行文化的时候，他们拎出了科学家。

把科学家当成批判工具来使用的，往往是那些缺乏科学素养的人。

稍微有点科学素养的人，都不会觉得科学有多么神秘，也不会只觉得科学家是一个比其他工作更高尚的职业。更重要的是，有科学素养的人不会热衷于在论证自己观点时一味地“诉诸权威”，好像只要把科学家搬出来举例子，任何观点都可证明为正确。

第32讲　幸福

现代人不幸福是因为拥有的太多了吗

“为什么我们拥有的越来越多，却并不幸福？”

这是电影《一百样东西》中提出的问题，也是很多现代哲学家喜欢探讨的经典问题。

电影里，男主角奶奶的箱子里只有几十样东西，那是她年轻时的全部家当。很多人的父辈生于贫穷年代，他们的房间简单、衣橱贫乏。但老照片上的他们目光坚定、表情从容，他们艰苦奋斗、知足常乐。

两位男主角都是购物狂，他们的房间里有上千样东西，他们不断地购物，但并不幸福。相比长辈，他们有更多的苦恼。

这是为什么？是因为现代人拥有的太多了吗？

很多经济学家和心理学家的统计数据显示：人的幸福程度并不会随着收入的增加而增加，富有的人并不比贫穷的人更幸福，相反贫穷国家的人往往幸福程度更高（我认为，这种统计数据并不靠谱）。

电影里，两位男主角最终的领悟是：当拥有的越来越少时，人们就越能感受到生命的意义，就越能够发现世界的美和身边的爱。

类似的哲理也常常出现在不同的宗教文化和文艺作品中，人们在日常生活中也喜欢感慨：一代人比一代人拥有得更多，却更加不幸福。

这样的哲理是有问题的。**因为幸福源自我们和同时代的人的比较，而不是和以前的人的比较；源自我们和周围的人的比较，而不是和十万八千里外的人的比较**。

一个乞丐也许拥有智能手机，也许活得比古人更加长寿，但他不会通过与古人比较来获得幸福。

热衷于和周围人攀比并不利于我们拥有幸福人生，但很遗憾，人的大脑就是这样运作的。因为影响我们生存发展、基因延续的是我们周围的人。他们的生活是一种信号，提醒我们在社会竞争中处于什么位置，提醒我们能否得到更好的资源来延续自己的基因。

爸爸妈妈可能在艰苦奋斗中找到了生命的意义，并不是因为他们出身贫穷；你和小伙伴也许活得焦虑不安，也不是因为物质丰富。相关性不等于因果性。

物质的增加能否带来幸福？不一定，但至少可以减少痛苦。家徒四壁意味着父母在生病时不一定有钱诊治，家人在团聚时不一定有一桌可口的饭菜。

你觉得躺在摇椅上的祖母很幸福，是因为你没见过她年轻时没钱给孩子买奶粉时的窘迫，没见过她相亲时找不出一件没有补丁的新衣服时的难堪。长辈是否幸福无法通过他们年轻时的照片看出。

那些认为减少物质的拥有可以带来幸福的观点只是一种浪漫的想象，是一种现代人的矫情。

当抱怨物质的丰富并没有让我们幸福时，你可以试试贫穷的代价。

当然，电影《一百样东西》里提出的问题也有一点启发性：为什么购物并不能让我们的幸福指数一路飙升？为什么购物狂不是最幸福的人？为什么人不能用钱买到幸福？

我提供一个简单的答案：因为边际效用递减。任何事情带来的享受，总有一个递减的过程。购物狂并不能超越这个经济规律。

在经济规律面前，金钱不是万能的。

第33讲 福利

有一个国家，人人都可以免费分房

这是一篇经济学童话。

一、免费吃饭

很久很久以前，有一个美丽的小国叫桶国，在那里，吃饭是免费的。

桶国的每一任国王都会强调：免费吃饭是雅典娜女神赋予桶国人民神圣不可侵犯的权利。

不过，桶国政府提供的饭一直很难吃，而且每次吃饭都要排队，经常有人排队到半夜还没有吃到前一天的早餐。

桶国的厨师工会非常强大，推动立法规定：吃饭是一件关系着普通老百姓生死存亡的大事，只有专业人士才能担任厨师；

一个人只有读完食物学和营养学博士，经过漫长的实习和层层选拔，才有机会成为厨师。

在桶国，厨师的地位非常尊贵，家长都希望孩子好好学习，长大后能成为厨师。

虽然吃得很差，排队很辛苦，但是从来没有人抱怨，桶国人都庆幸桶国有全世界最好的福利制度。桶国的媒体报道，在世界上的其他地方，每天都有无数人饿死。

曾经有一任国王试图废除这种免费吃饭制度，他发表演讲说："你看，我们桶国的医疗是市场化的，所以我们有很好的服务、很低的价格。许多外国人都坐飞机来桶国看病，我们赚到了源源不断的外汇。既然看病和吃饭一样重要，那么为什么吃饭不能市场化呢？"

桶国的媒体人和知识分子纷纷嘲笑国王的愚昧无知，他们说："吃饭和看病能相比吗？看病一年就几次，当然可以市场化。但饭要天天吃，如果吃饭市场化，一定会有无数穷人饿死街头。"

在人们的嘲笑声中，这位国王黯然下台了。

"吃饭市场化一定会导致穷人饿死"在桶国是一条真理。这条"真理"被媒体和知识分子日复一日地植入每一个人的头脑中，人们一想到吃饭问题，这句话就会脱口而出，仿佛是自己独立思考出来的。

二、免费分房

桶国还有一项为全世界人所羡慕的福利制度，那就是免费分房。

在桶国，一个人只要年满18岁，就可以免费分到一套房子。不过，房子质量很差，千篇一律，而且没有卫生间和厨房。对于桶国人来说，每天早上排队上厕所是一件非常痛苦的事情。

有人嘲笑说，桶国的房子是全世界最丑陋的房子。

免费的房子其实也要花很多钱，桶国纳税人的税负很重，年轻人不敢生小孩，桶国陷入了老龄化危机，退休年龄延长到了80岁。在桶国旅行的人，总能看到白发苍苍的餐厅服务员和出租车司机。他们佝偻着腰，艰难地工作着。

但桶国人很自豪，他们说：免费分房是全世界独一无二的福利，只有桶国是真的“大庇天下寒士俱欢颜”。

因为负担不起更多人免费吃饭和免费分房的福利，桶国严格地限制移民，生怕其他国家的人借着旅行、留学的机会赖在桶国。

为了打击非法移民，桶国每年投入的钱越来越多。桶国的周围竖起了高墙。从空中俯瞰，被高墙围起来的桶国确实像一个巨型的铁桶。

桶国也有一些人主张住房市场化，他们说：“你看，桶国的教育是市场化的，发展得很好，百花齐放。我们有很多连锁的品牌学校，世界闻名，甚至分校都开到非洲去了。我们既有贵族学校，也有普通学校。我们培养出了大量技术人才。教育都能市场化，为什么房地产不能市场化呢？”

这些观点总是受到知识分子的嘲笑，他们说：“住房和教育能比吗？教育是十几年的事，住房是一辈子的事。住房制度如果不公平，就会引发巨大的社会问题，穷人就会无家可归。住房这么神圣的领域，怎么能交给市场？”

桶国的建筑协会也非常强大，和厨师协会一样，是影响选举的重要力量。如果一个人是建筑工人，他在相亲市场上就非常吃香。

在桶国，一个人只有读完工程学博士，通过严格的考核，才能成为建筑工。由于严格的行业准入限制，他们非常尊贵，享受着高收入和高地位。那些没有取得资质就去建筑工地干活的人，会被以“非法施工”的罪名抓进监狱。

许多外国评论家赞美说：“这说明桶国负责任。住房这么重大的事，必须交给最专业的人才。盖的房子如果出现问题，会威胁多少人的生命啊。”这样的观点流行得久了，也变成了桶国的真理，无论大人还是小孩，张口就来。

三、通往崩溃之路

桶国知识分子和媒体最痛恨的三个字是“市场化”。

他们觉得既然免费吃饭和免费住房很先进，全世界都羡慕，政府就应该把更多的领域福利化。

比如：

免费看电影。

免费理发。

免费坐火车和飞机。

为每个取得驾照的人免费发一辆汽车。

免费上大学。

免费去太空旅行。

每出台一项福利制度，桶国就发出一片欢呼声，全世界就发出一片羡慕声。

那些支持福利化的知识分子，赢得了全世界的赞美和掌声，他们坐着飞机到处演讲。

后来，桶国人的饭菜越来越差，住房越来越糟，税负越来越重，货币的购买力越来越弱。他们不明白，为什么一切都是免费的，生活却如此艰难。

最终，桶国的经济崩溃了，无数人挣扎、饿死。

桶国幸存下来的知识分子并没有任何反思，他们不觉得自己给大众植入的观念有错误。他们流亡到其他国家，继续演讲，高谈阔论，享受着人们的崇拜和掌声。

第34讲　战争

关于战争的经济学真相

一、战争是世界上最昂贵的事

我们都听说过一句话："大炮一响，黄金万两。"

战争通常会导致参战国经济崩溃。

以第一次世界大战为例，参战各国的军事总花费超过1 500亿美元，战争的破坏和通胀导致无数平民破产，死于饥荒和疾病的平民达到2 000万人（阵亡将士的两倍）。[①]

全世界很多人忙于抗战奔赴前线，没有人去收割粮食，最

① 龙多·卡梅伦，拉里·尼尔. 世界经济简史：从旧石器时代到20世纪末[M]. 潘宁，等译. 上海：上海译文出版社，2018:417.

终产生了饥荒；各国边界封锁，粮食受制于阻塞的道路……人们只能领到各国政府定期定量分配的粮食，因为国库储存的粮食在不断减少。战争的第四年，物资更加匮乏，衣食住行全得不到保障，每个人都过着饥寒交迫、颠沛流离的生活。人们不仅为粮食的匮乏而感到苦恼，更为缺少衣服、房子和大量的生活用品所困扰，商业和经济极度混乱……战后，德、奥都彻底崩溃了，耗尽了资源和精力。①

二、战争帮美国走出了大萧条吗

很多人说，美国通过在第二次世界大战中发战争财走出了大萧条。

这种说法很流行，却是错的。因为它把相关性当成了因果性。战争和大萧条几乎同时结束，并不等于战争结束了大萧条。

经济学家、历史学家罗伯特·希格斯专门研究了战时的美国经济。

从（美国）个人消费支出水平来看，实际消费水平在1941年后（参战后）是下降的，直到1945年才恢复到以前的水平，而且在战后才有显著的增长。……当时（战时），工作更重、时间更

---

① 乔治·威尔斯．极简世界史[M]．罗建华，译．北京：现代出版社，2017:275.

长、工作环境更差，人们只能买到更少的消费品。居然还有人说，从经济角度而言，（参战后的）美国人从来没有这么好过。这一点让人十分费解。[①]

与流行的说法相反，美国政府的战争需求并没有让商业发展到以前的水平，军事开支也没有帮助美国商业走出大萧条。战争给商业带来的好处是，罗斯福政府放松了对市场的管制。

第二次世界大战期间，美国的战时经济与其他国家不一样。其他国家大多选择在战争期间用统制经济取代市场经济，但美国吸取了第一次世界大战时政府主导经济带来的低效无能以及引发巨大不满的教训，所以在第二次世界大战时反其道而行之。

为了激励私营企业高效生产来服务战争，罗斯福政府停止了新政以来对私营企业持续多年的打压，转而放松管制，采取激励政策，停止新政以来的各种司法干扰，连反垄断诉讼都停止了。

自由的回归极大地激发了私有经济的活力。战争期间，私营企业的优秀表现也恢复了人们对商业的信心，让企业家重新赢得了人们的尊重。

管制放松，商业重获自由，这才是美国经济走出大萧条的真实原因。

---

① 拉里·施韦卡特，莱恩·皮尔森·多蒂. 美国企业家：跨越三百年的商业传奇故事[M]. 王吉美，译. 南京：译林出版社，2013:309.

三、战争带来了科技进步吗

有的人总是不忘强调一下，战争虽然带来了无尽的死亡与灾难，但也带来了某些巨大的科技进步，比如计算机、航天技术等。

这种说法其实是“破窗谬误”的翻版。

看得见的是战争带来了某些科技创新，看不见的是战争毁灭了无数宝贵的资本和头脑——它们本可以促进科技进步。

多少潜在的科学家、发明家、企业家死于战争，多少科学研究与商业创新被战争打断、摧毁，以至要从头再来。即使从头再来，人们也不一定有当时的设备、资金和人才，因为这些往往被战争毁坏了。

部分创新和整个领域的进步是两回事，从逻辑上讲，大规模战争带来的是科技领域的巨大倒退而非进步。和这种倒退（以及整个社会蒙受的巨大损失）比起来，战争带来的科技创新微不足道。

第35讲 马太效应

现实永远要比故事和模型更加复杂

“马太效应”这一概念广为流传，指的是富者愈富、穷者愈穷。这个概念的源头是一则小故事。

从前，有一个国王在远行前交给三个仆人每人一两银子，吩咐道：“你们去做生意，等我回来时，再来见我。”当国王回来时，第一个仆人说：“主人，你给我的一两银子，我已经赚了10两。”于是，国王奖励他10座城邑。第二个仆人报告：“主人，你给我的一两银子，我已经赚了5两。”于是，国王奖励他5座城邑。第三个仆人报告说：“主人，你给我的一两银子，我一直包在手帕里，怕丢失，一直没有拿出来。”于是，国王命令第三个仆人将这一两银子赏给第一个仆人，说：“凡是少的，就连他所有的，也要夺过来；凡是多的，还要给他，叫他多多益善。”

这个故事很有意思，相当于一个老板在按照绩效奖惩员工。

科学概念必须经得起实证或者逻辑的检验，而“马太效应”既经不起实证，又经不起逻辑检验。

在事实层面，自工业革命以来，只要没有战争和动荡，在市场经济中，因为资本积累、经济发展，穷人的财富就会不断增加。即使阅读工业革命以前的历史，我们也无法发现“富者愈富、穷者愈穷”的规律。在非市场经济中，富人的产权毫无保障，随时可能被掠夺，“富不过三代”的现象比比皆是。

在逻辑层面，有经济学常识的人都知道，经济活动始终伴随着风险和不确定性，每一天都有许多富人破产。资本是可以积累的。穷人的知识、技能和人脉会不断增加，生产力会不断提高。穷人也可以享受到经济发展带来的成果。以我的家乡为例，无数人通过进城打工、做小生意，实现了脱贫，过上了小康生活。

所以，“富者愈富、穷者愈穷”是一种错觉，是一种认知谬误，而非事实。

那么，为什么“马太效应”能够流行？因为它可以渲染焦虑。那些渲染焦虑的概念，比如“贫富差距”“不要让孩子输在起跑线上”“工作100年买不起一套房”“再穷不能穷孩子”……无论是否正确，都非常有利于传播。

回到“马太效应”的故事本身。很多善良的人听完这个故事会觉得故事里的国王处置不公。但如果把故事中的国王换成老板，你可能就不会觉不公平，因为他奖罚分明。

故事里的银子和城邑是属于国王的。如何处置自己的财产是不容他人干预的权利，这就是财产权。

很多学生觉得老师不公平，很多员工觉得老板不公平，但判断公平有一个前提，就是他们在处置谁的财产。如果别人处置的是自己的财产（包括时间和精力），就不存在是否公平的问题。比如，走在路上遇到两个乞丐，你给了第一个人10元钱，而没有给第二个人，这里面就不存在是否公平的问题。

真正的公平和规则有关。足球裁判必须公平，因为这是一群人的游戏，而不是裁判一个人的表演；法官也必须公平，因为法律是大家的，而不是法官的私产。

当然，你可能已经注意到了一个问题：我在前面的分析中把国王等同于老板，并且假设他分配的是自己的钱。然而，我们知道，现实往往未必如此。

国王所分配的常常是别人的钱，国王总是花别人的钱来践行自己的理念。那么，国王的分配就不是商业行为，而是统治者的政策。

现实永远要比故事和模型更加复杂。现实中的国王往往有着更加复杂的分配方案。

第36讲　阶层固化

没有阶层固化这回事

“阶层固化”一词的标准解释是：“各阶层之间流动受阻的情况。”

社会阶层之间的流动，尤其是阶层跨越，自古以来就是一件困难的事情。一般来说，人们可以通过找到好工作、投资好项目、创业成功等方式来实现阶层跨越。在每一种方式中，都有大量的人在竞争稀缺的机会，只有少数人能够从竞争中胜出。

巨大的阻力不等于严峻的问题，更不等于已经没有机会。这就好比在体育比赛中获奖很难，但不等于体育比赛已经固化。

关于阶层固化，人们通常存在三个误解。

第一个误解是，市场经济加剧阶层固化。

在非市场经济年代，除了少数我们平时不容易接触到的特权阶层，多数人是普通人，大家没有太大的差距，也不容易感受到强烈的阶层差异。

在市场经济年代，“富二代”随之诞生，人们会觉得自己输在了起跑线上，抱怨阶层固化。

其实，在非市场经济环境下，阶层固化现象才是最明显的。每个人的命运像棋子一样被安排得清清楚楚。农民不能进城打工，工人不能跳槽，普通人没有创业机会，每个人一生的命运一眼就可以看到尽头。这种“固化”坚固得如铜墙铁壁。

在市场经济环境下，虽然“富二代”越来越多，但每个人都获得了自由选择职业的权利，都有了改变命运的机会。一个农民如果进城打工，就可以获得比在山里种地高十倍的收入。普通人努力创业，几十年来，大量的企业家应运而生。

在市场经济中，如果以收入增长、生活改善为目标，那么大部分人是胜利者；但如果以阶层跨越为目标，那么大部分人确实不容易成功，因为目标太高。

但真正的固化并不是机会太少，而是压根没有机会。

第二个误解是，阶层固化是绝对的坏事。

知识分子对阶层固化口诛笔伐，谴责这是一种不公。

但事实并非如此。阶层固化分为两种情况。一种是统治者人为制造的制度性的阶层固化。比如，元代实行了严格的职业世袭制度。到了明代，在朱元璋一统天下之后，这种制度被进一步强化。

（朱元璋）把全国人口分为农民、军人、工匠三大类，在三大类中再分若干小类，比如工匠之中，还分为厨子、裁缝、船夫等。军户之中，还细分为力士、弓兵、铺兵等。民户之中，除了普通农民外，还有沿海晒盐的灶户，为军队养马的马户，给皇帝家看坟的陵户，管园的园户，种茶的茶户。此外还有什么米户、囤户、菜户、渔户、窑户、酒户、蛋户、站户、坛户、女户、丐户等，计八十种以上。“籍不准乱，役皆永充。”也就是说，职业先天决定，代代世袭，任何人没有选择的自由。①

制度性的阶层固化当然是邪恶的，但它的邪恶在于导致了“阶层固化”吗？不是的，而是在于取缔人们的自由，蔑视人们的意志，践踏人们的权利。

换一个思路，如果朱元璋的这种统治政策可以消灭阶层固化，如果他规定所有人获得一样的收入、穿一样的衣服、住一样的房子、吃一样的饭菜，那么人们愿意活在那样的一个“平等的世界”吗？

另一种阶层固化并不是统治者的制度设计，而是市场和社会自发演进的结果。比如日本，就经常被批评为一个严重阶层固化的国家。这里面当然也有政治的原因，但总的来说，没有人强迫人们必须从事某项工作。在这场阶层跨越赛中，每个人都有机会参赛，至于能不能获奖，那是自己的事情。日本有大量的百年企业、千年企业，很多店铺代代相传。可能爷爷是卖酒的，孙子也

---

① 张宏杰. 倒退的帝国：朱元璋的成与败[M]. 重庆：重庆出版社，2020:148.

是卖酒的，只要是自愿选择，有什么不好呢？阶层固化、家族传承也可以意味品牌或手艺历史悠久、值得信赖。

阶层流动剧烈也不一定是好事。在社会剧烈动荡的年代，比如三国时期，朝为田舍郎，暮登天子堂，阶层流动速度加快，你方唱罢我登场，这是一个高风险的残酷社会。

第三个误解是，经济越发达，阶层越固化。

许多人说：“西方发达社会的阶层都固化了；中国经济持续发展了几十年，现在也阶层固化了。可见，经济越发达，社会越稳定，阶层越固化。”

这种观点是一种误解。

越发达的国家，其资本越多，这就意味着更多人在创业时有机会拿到投资、获得贷款，从而获得阶层跨越的机会；也意味着更多人有机会获得就业机会，从而通过工作实现阶层跨越。

相反，对于贫穷落后的国家来说，资本在哪里？就业在哪里？技术人才在哪里？保护产权的制度在哪里？普通人拿什么实现跨越？

那么，为什么很多发达国家会陷入经济增长停滞、阶层固化呢？这不是因为经济发达了，而是因为经济发达后多如牛毛的管制减少了人们实现阶层跨越的机会。福利社会养懒人，甚至让很多人根本不需要阶层跨越。

这就像富人群体中有很多胖子，很多人就以为富有导致肥胖。其实，富有意味着人们可以吃更健康的食物，有更多的健身选择。但富有并不是肥胖的原因，富有之后不加节制地饮食才是肥胖的原因。我们不应混淆相关性和因果性。

发达国家难以实现阶层跨越还有一个简单的原因，那就是阶层的标准提高了。在计划经济时代，人们当了兵，考上了大学，当了公务员，每月领30元工资，实现了阶层跨越；进入市场经济时代，人们摆个小摊卖菜，干了几年成了万元户，实现了阶层跨越。现在呢？对于普通人来说，收入增加了一倍，有房有车了，就实现了阶层跨越吗？回头一看，人们还是处于原来的阶层。

人各有志，并不是每一个人都需要追求阶层跨越。在读经济史的过程中，我从未见到任何一个伟大的经济学家以阶层跨越为人生志向。历史上有无数让人肃然起敬的科学家、发明家和文学家，其中不乏身份卑微之人。人生不是一场闯关游戏，无须像跨栏一样执着于跨越一个又一个阶层。

市场不问出身，每个人完全可以选择适合自己的方式，去实现生命的价值。

第37讲　国际贸易

贸易顺差与贸易逆差

在经济学课堂上，我给学生们讲“贸易顺差”和“贸易逆差”两个概念。

所谓贸易顺差，就是出口大于进口；所谓贸易逆差，就是进口大于出口。

举例来说，你可以把小明和小红想象成两个国家。如果小明用10元向小红买了一杯奶茶，小明就对小红产生了10元的贸易逆差，小红就对小明产生了10元的贸易顺差。

美国的企业把服装制作的生意外包给中国工厂，会去算逆差和顺差吗？不会的。

那么，为什么特朗普要批评美国对中国的逆差太严重？为什么很多国家的人会抱怨逆差太大，钱都被外国人赚走了？这些抱怨是无病呻吟吗？

语言的背后是思维，错误的知识背后是对财富、贸易的错误认知。

财富是什么？100多年前，在重商主义时代，人们认为财富就是黄金白银，如果其他国家把自己国家的黄金白银都赚走了，那么国将不国。所以，人们会尽可能地把黄金白银留在国内，把别人的黄金白银赚过来。

这种认知是有缺陷的，因为财富不止黄金白银，我们买到的东西也是财富，不管是茶叶、丝绸还是机器设备。

正是因为认识到重商主义对“财富”理解的狭隘，亚当·斯密才在《国富论》中强调：商品和服务才是一个国家真正的财富。否则，光有钱有什么用？钱不过是一堆金属，或一堆纸片。

所谓交易，不是一方赚另一方的钱，而是双方一起赚钱。**人赚我钱，我赚人货**。这种认知在当下已经成了经济学常识。不管是曼昆的经济学教科书，还是薛兆丰的经济学课，都会告诉我们：交易互惠互利。我们很少会看到一本忧虑贸易逆差的经济学著作，绝大部分经济学家会告诉我们：这不值得忧虑。

为了贸易逆差而忧虑，或者为了别人赚了我们的钱而忧虑，纯属杞人忧天。

经济学界有很多分歧和争论，但在“交易互惠互利”的认知上，没有分歧。“贸易顺差”“贸易逆差”两个概念和“重商主义”一样，越来越被轻视甚至无视。这主要是因为100多年来，人们对财富、贸易的认知发生了天翻地覆的变化。人们不再热衷于存钱，而是喜欢上了消费。

当然，科学尚未普及。有些人不愿意别人赚自己的钱，只想赚别人的钱，动不动就把问题上升到国家层面。

其实，严格来说，国家与国家从不交易，永远是不同国家的商人和消费者在交易。计算A国无数个“小明”从B国无数个“小红”那里购买了多少奶茶没有意义。人们需要自由交易，交易对个人有利，对国家也有利。

美国政客禁止美国企业卖芯片给其他国家，结果就是美国的企业少赚很多钱，其他国家的企业也要多花很多钱搞研发，这对双方都造成了损失。当然，吃亏的是美国的企业。企业和政客的利益有时彼此冲突，无法相加成一个模糊的国家利益。

打着国家名义干预正常的贸易往来，在不同地方、不同时代，屡见不鲜。

再从国家回归到个人。如果一个人拒绝让别人赚自己的钱，只想贸易顺差，拒绝贸易逆差，那么他可以自己生产。如果他这样做的话，他就没有时间发展自己的专业技能，就只能过忙碌而贫穷的生活，即穷忙。也就是说，他把自己排斥在了全球化的劳动分工之外，绝世而独立。

虽然贸易顺差和贸易逆差指的都是国家之间的庞大交易，但道理是一样的。**那些不愿意让别人赚自己的钱的人，以及那些不愿意让别人赚自己的钱的国家，在大概率上都是贫穷落后的。**

互利才有利，共赢才能赢。

第38讲 知识产权

关于知识产权，人们在争论什么

知识产权是一项逻辑自洽的“权利”吗？还是如一些反对者所质疑的，它是创新与进步的阻碍？

其实，关于这个问题的争论由来已久。

经济学家边沁、萨伊、密尔、克拉克都支持知识产权，认为用法律保护知识产权是必需的。其中，边沁认为，如果知识没有保护，发明就不会存在。[①]

经济学家普朗特、罗斯巴德、博尔德林和莱文都反对知识产权。澳大利亚的知识产权专家彼德·霍布斯院士还专门写了《知识财产法哲学》来反对知识产权。霍布斯院士批评道：“知识财产是一个潜在的、危险的范式，因为它人为地制造知识稀缺现

① 张五常. 经济解释[M]. 北京：中信出版社，2015:534–535.

象，从而削弱了知识不断丰富这一规律。”

关于这个问题，我想推荐两个关于创新的故事。经典的创新故事，有利于我们重新思考知识产权，也有利于我们重新思考关于这个问题的固有认知。

一、瓦特和蒸汽机的故事

英国经济学家蒂姆·哈福德在《塑造世界经济的50项伟大发明》中讲述了蒸汽机的故事。

1765年，英国工程师瓦特通过对前人技术的改良，制造了一种新的蒸汽机。

他的商业伙伴——颇具社会影响力的马修·博尔顿在向议会游说之后获得了专利。博尔顿和瓦特利用专利提取许可费用和压制对手。例如，乔纳森·霍恩布洛尔制造了一台质量更优的蒸汽机，但最终因侵权被监禁，并因此破产了。[①]

其实，在瓦特之前已经有众多的前辈发明和不断改良蒸汽机，如果他们都申请了专利，遭遇监禁和破产的也许就是瓦特本人。

专利权给瓦特和他的商业伙伴带来巨额利润了吗?

① 蒂姆·哈福德. 塑造世界经济的50项伟大发明[M]. 叶红卫，译. 北京：中信出版社，2018:153.

没有。真正使蒸汽动力产业阔步前进的还是在瓦特的专利失效以后。当瓦特和博尔顿不再维护知识产权，而是努力生产世界上最好的蒸汽机时，他们富裕起来了。

在这一经典案例中，专利权实际上并没有推动蒸汽机技术的改进，而是延缓了改进。专利权并没有让发明者、竞争者和消费者受益，而是让所有人受损。

经济学家罗斯巴德认为："专利侵犯了继专利权人之后独立地发现了已被专利人凑巧发现的点子或发明的人士的财产权……专利权实际上侵犯了而不是保护了财产权。"[①]

阅读这本《塑造世界经济的50项伟大发明》时，我庆幸人类历史上很多伟大的发明和技术并没有申请专利，比如钻木取火、农耕技术、砖头、轮子、纸张、文字、犁等。如果这些发明都第一时间申请了专利，那么我们也许至今还住在山洞里。

二、爱迪生和电灯

美国科普作家史蒂文·约翰逊的《我们如何走到今天：重塑世界的6项创新》是一部人类创新史。

约翰逊在书中一再强调：**创新不是某个人或者某个团队的天才发明，而是人类的知识积累、学科互动、技术碰撞、分工合作的产物**。

① 穆雷·罗斯巴德. 权力与市场[M] 刘云鹏，戴忠玉，李卫公，译. 北京：新星出版社，2007:74.

以电灯泡的研发为例，没有谁能凭空发明电灯泡。创造不是一个人、一个团队的无中生有，而是同一领域内无数人的积累、碰撞、竞争和协作的产物（见表38-1）。

表38-1　19世纪电灯泡发明家的部分名单

时间	发明家	国籍	元素	环境
1838年	若巴尔	比利时	碳	真空
1840年	格罗夫	英国	铂	空气
1841年	德莫林斯	英国	碳	真空
1845年	斯塔尔	美国	铂／碳	空气 真空
1848年	斯泰特	英国	铂／铱	空气
1849年	皮特里	美国	碳	真空
1850年	谢泼德	美国	铱	空气
1852年	罗伯茨	英国	碳	真空
1856年	德·尚日	法国	铂 碳	空气 真空
1858年	加德纳与布洛瑟姆	美国	铂	真空
1859年	法默	美国	铂	空气
1860年	斯旺	英国	碳	真空
1865年	亚当斯	美国	碳	真空
1872年	洛德金	俄国	碳 碳	真空 氮气
1875年	科斯洛夫	俄国	碳	氮气
1876年	鲍里金	俄国	碳	真空
1878年	方丹	法国	碳	真空
1878年	莱恩-福克斯	英国	铂／铱 铂／铱 石棉／碳	氮气 空气 氮气

续表

时间	发明家	国籍	元素	环境
1878年	索耶	美国	碳	氯气
1878年	马克西姆	美国	碳	碳氢化合物
1878年	法默	美国	碳	氮气
1879年	法默	美国	碳	真空
1879年	斯旺	英国	碳	真空
1879年	爱迪生	美国	碳	真空

资料来源：史蒂文·约翰逊. 我们如何走到今天：重塑世界的6项创新[M]. 秦启越，译. 北京：中信出版社，2016:192.

约翰逊写道：

如果我们认为，创新来自某个独立的天才发明某项技术时的灵光一现，那么这种模式自然而然地会驱使我们去制定某些政策，例如更强的专利保护。但是，如果我们认为，创新来自协同工作的网络，那么我们会支持不同的政策和组织形式，专利法不会那么严格，标准会放开，跨学科合作会越来越多。①

专利制度起源于1471年的意大利威尼斯。自专利制度问世起，围绕它的争论就没有停歇。

① 史蒂文·约翰逊. 我们如何走到今天：重塑世界的6项创新[M]. 秦启越，译. 北京：中信出版社，2016:199.

很多学者指出：专利保护更有利于寡头的垄断，让中小企业的创新与研发面临更多的障碍与门槛，以及动辄被诉诸法律的风险。

经济学家博尔德林和莱文认为：应完全放弃知识产权，毕竟，发明新事物可以获得其他奖励——获得“先发优势”，能建立强大的品牌。

无论是在经济学还是法学中，其实一直都有反对知识产权的传统，这种传统和支持知识产权的传统同样悠久。只是，这些声音太过微弱，这些思想于我们而言太过陌生。

第39讲　信息不对称

信息不对称是一个笑话

午饭的时候，朋友抬起头问我：“什么是信息不对称？”

我说：“你教外国人汉语（朋友上学之余兼职教外国人汉语），关于你的课程这一商品，你掌握的信息多，学生掌握的信息少，这就是经济学所讲的信息不对称。通俗地讲，卖家知道得多，买家知道得少，也就是我们常说的‘买的不如卖的精’。”

朋友说：“卖方当然要比买方知道得多。为什么经济学家要多此一举地发明‘信息不对称’这个概念呢？”

我说：“经济学家认为，掌握充分信息的人在市场中处于有利地位，掌握信息不充分的人在市场中处于不利地位。比如，你对你的课程非常了解，学生对你的课程不是很了解，你们俩掌握的信息量完全不同，你们俩在交易中是不平等的。”

朋友说：“什么？我教两个小时才收200元钱。我和学生之间怎么就不平等了？如果学生了解的信息和我一样多，我还教什么呢？”

我说：“经济学家喜欢举二手车市场的例子来说明信息不对称导致市场失灵。卖家知道自己的二手车质量，但是买家不知道，这就是信息不对称。因为担心受骗，买家只好买最便宜的车，这会导致好车卖不出去，以至逆淘汰现象屡见不鲜。经济学家把这种情况称为‘逆向选择’，他们认为这种情况如果持续下去，就会导致二手车市场萎靡。”

朋友说：“为什么买二手车的人反而越来越多呢？二手车市场并没有萎靡，还发展壮大了。像有些专业的二手车平台可以用专业的手段来判断二手车质量。就算没有网络平台，消费者也可以找懂车的熟人、专业的经纪人来帮助自己买车。”

我说：“经济学家的这套理论确实被现实打脸了，理论和现实南辕北辙。很多经济学家认为，信息不对称是市场经济的固有弊病，会导致市场失灵，需要政府强有力的干预。”

朋友说：“啊？”

我说：“除了二手车的例子，因研究信息不对称而获得诺贝尔经济学奖的斯蒂格利茨在他编写的《经济学》教科书中还举了香烟的例子。政府要求香烟盒子上必须印‘吸烟有害健康’，就是对信息不对称问题的干预，目的是让消费者了解到更多信息。很多经济学家是支持和鼓励这类干预的。”

朋友说："香烟盒子上增加一句废话就是成功的干预案例了？那么，课程交易永远存在信息不对称，需要怎么干预？"

我说："可以设置各种门槛。比如，有什么学历、通过什么考试、有多少年工作经验。"

朋友说："如果这样的话，普通大学生就不能教外国人汉语了吗？外国人又去哪里找收费便宜的老师学汉语呢？"

我说："很多经济学家都特别迷信政治干预。不过，也有很多经济学家认为信息不对称是正常现象，无须政府干预。比如，经济学家张维迎认为，正是因为信息不对称，才需要劳动分工，人们才去发展自己的专业技能，而不是需要什么都懂。品牌、广告、说明书和包退换等服务，就是对信息不对称现象的回应。比如，你不需要懂得面前这些饭菜的制作过程，一旦饭菜质量出了问题，你就可以找商家索赔。"

朋友说："对啊，如果信息是对称的，消费者了解的商品信息和商家一样多，那有什么意思呢？不过，我还看到有个经济学家说，幼儿园小朋友年纪太小，不知道老师对自己好不好，没办法判断老师的服务质量，这属于严重的信息不对称。所以，经济学家主张幼儿园应该由非营利机构来运作，不能市场化。这种说法对吗？"

我说："并不是所有经济学家都这么认为，也有很多经济学家一直在呼吁教育市场化。你上幼儿园的时候知道哪些老师好、哪些老师不好吗？"

朋友："当然知道啊。有的老师很凶，我讨厌他。"

我说：“那你当时告诉爸爸妈妈了吗？”

朋友说：“没有。不过，我上的是公立幼儿园，感觉经济学家又被打脸了。”

第四部分

认知与命运

人的最珍贵的特权，就是不断做出改进的努力。

——路德维希·冯·米塞斯

第40讲　认知

你不是一棵“韭菜”

用“割韭菜”来解释世事是一种智力上的懒惰。

视别人为“韭菜”是一种狂妄自大，称自己为“韭菜”是一种人格上的妄自菲薄，把金融市场视为“镰刀”和“韭菜”的博弈则是金融知识的匮乏。

金融市场不是零和博弈，市场中的人和人也不是“镰刀”和“韭菜”的关系。亏损不是因为你作为“韭菜”被人收割了，盈利也不是因为你作为“镰刀”收割了别人。李笑来在《韭菜的自我修养》一书中讲得很直接：如果金融体系中只有收割与被收割的关系，那么牛市中大家都在赚，赚谁的?

在大航海时代，股份公司涌现。地主买股票投资一艘商船，如果贸易顺利，他就能获得种地一年的十倍收益；如果船遇到风暴沉没了，他种地十年的收入就赔进去了。为什么呢？他只不过是用一个下午的时间做了一次投资而已，凭什么赚这么多，又凭什么赔这么多？相比种地卖粮食，金融确实太难理解了。

但是，现代金融市场更难理解，因为我们看不到那艘沉没的船。股价为何大涨大跌？当专家的解释都不一致的时候，人们理解起来就更加困难了。许多人需要一个容易理解的标准答案，于是“阴谋论”“韭菜镰刀论”应运而生，变成了流行的答案。在电影里，永远有幕后黑手在操纵股市，永远有大反派在制造世间的一切罪恶与苦难。这种故事模型可以给人带来确定性，但故事不是事实，反而让人们离事实越来越远。

阴谋、骗局与暴力掠夺当然存在。避开骗局的第一步就是学习和思考。我们需要训练自己的头脑，抛弃肤浅的解释，起码要认认真真地读几本书（比如《陈志武金融通识课》）、听几门课（比如“薛兆丰的经济学课”）。如果我们把自己定位为“韭菜”，那么这种自我预言很容易实现。心理学把这种现象叫作“自我实现的预言效应”。

懒惰使人愚蠢。聪明和愚蠢并非天生的，而是取决于后天如何运用自己的大脑。一旦热爱浅薄的阴谋论、拒绝复杂的逻辑思考成为习惯，一颗大脑就废掉了。

当然，我们称自己为“韭菜”也有好处，这是一种自我保护措施。我们的祖先在野外寻觅食物时，可以先恐吓一下自己：“一切我不认识的植物，都有毒；一切我不认识的动物，都会攻击我。”把一切风险都默认为“镰刀”，把自己视为潜在的受害者，可以让人规避一些危险。

但是，人们之所以走出了原始丛林，发展出了市场经济、金融体系，是因为有人敢冒险，敢承担不确定性。如果人人都追求百分之百的安全，金融根本就不会出现。世界上的一切创新都需要投资，都有亏损与失败的可能。把潜在的风险、正常的亏损和骗局一概混淆为“割韭菜”，会损害我们的辨识能力。我把这种病称为“韭菜妄想症”。

这个时代最流行的话语模式是，赚到了钱就归功于自己的聪明才智，亏了钱就骂别人“割韭菜”。人们习惯把自己当成“韭菜”，这样就可以永远不必为自己的错误承担责任，就可以避免持续的学习、痛苦的思考、艰难的抉择、长期的投入以及勇敢的行动，就只需要被动地接受命运潮水的来回冲刷并心安理得地怨天尤人。

语言的背后是思维，我们的日常话语会深刻地影响我们的思维习惯。我们说什么样的话，就会成为什么样的人。我们如果经常自称“韭菜”，就真的会成为“韭菜”。

第41讲　出身

十年寒窗和几代人的努力

我们来做一道填空题：十年寒窗______几代人的努力。

这个______之间，你会填什么？

大部分自媒体作者填的是“vs”“PK”“>”或“<”。

经济学告诉我们的答案是什么？

答案是“+”，是合作。

十年寒窗和几代人的努力并不是一个对立的关系，而是一个合作的关系。

正是因为几代人的努力，积累了资本，我们才有机会十年寒窗。

十年寒窗是需要消耗大量资源的：在古代，供养一个读书人足以让一个小康之家破产；在人类历史上的大部分时期，让一个宝贵的劳动力去读书，是一种奢侈。

现代教育同样要消耗无数资源。教学楼的建设和老师的工资等教育部门的一切开支，都来自无数人的纳税。几代人的财富创造，才能供养起一个庞大的教育体系。

正是因为父辈努力奋斗、不断纳税，我们才有机会十年寒窗，而不是小小年纪就去放羊或者打工。父母积累了资本，才可以养育我们，为我们提供教育；企业家积累了资本，才能创造出就业机会，让我们的十年寒窗有用武之地。十年寒窗的本质是，我们站在无数代人的肩膀上，通过学习前人发现与创造的知识来为自己赋能，积累人力资本。

“几代人的努力”并不仅仅是一种特权。相反，几代人的努力所创造出的结果，不管是财富、知识、技术还是产品，并不只服务于少数人，而是融入了整个经济发展之中。文明的进步，本就有赖于一代代人的努力与积累。

一些媒体通过煽动对立与嫉妒来赚取流量，让人们觉得这个世界很不公平。

但是，拿自己的十年寒窗去比拼别人几代人在市场中的努力本就没有意义。

竞争是多维的。李子柒从他爷爷那里继承的技能，无非是种地、做菜、干农活；洛克菲勒从父亲那里继承到的，也无非是一些做事、记账的方法。哪怕出生在普通家庭，我们也可以回过头重新去认识父辈的优势和美德（比如他们的勤劳、节俭、坚韧、审慎），可以选择性地去继承、发挥，让这些“资本”成为我们的优势。

市场竞争与学校考试不同，它不是一种单枪匹马的竞争，也不是一种单一维度的竞争。那些拥有创意的发明家、拥有才能的企业家和拥有资本的投资人之所以能成功，是因为他们在很大程度上善于利用别人的“十年寒窗”和“几代人的努力”，而不是把每一个与自己不同的人都视作竞争对手。

比“赢”更重要的，永远是合作。比十年寒窗和几代人的努力更强大的力量，是合作的力量。

第42讲　读书

你不妨功利地读书

这些年来，我把《行为设计学》这本书读了10遍以上。我用书中的方法设计课程，设计夏令营或冬令营中的教学活动。对于书中的知识，我反反复复地查阅，反反复复地应用。

这就是功利地读书，读书是为了做事，为了把事情做成、做好。

“功利”一词常常沦为贬义。人们总是被教导要放下功利之心，“做人不能太功利”。

但“功利”并不是什么坏事，谁不向往成“功”，谁不渴望获“利”。在读书这件事情上，也总有人教育我们不要功利地读书，而要做一个纯粹的读书人。但万物皆有杂质，“纯粹”不应该是一种追求。对大多数人来说，纯粹地读书的结果常常是漫无目的地翻着一本书。

我读有些书是为了备课，读有些书是为了写作，读有些书是为了提高公众号的阅读量，读有些书则是为了解决人际交往中的问题。带着功利心读书，并不妨碍我们体会学习的快乐，反而会让学习更有效率。

很多时候，读书之所以困难，正是因为功利心的缺乏——不知道为什么读这本书，不知道读这本书有什么用。

韩国作家二志成给出的建议是：先读100本和自己的工作相关的书，提升自己的专业能力，用读书改善自己的事业和生活。

这种功利的读书方法深得我心。

功利不等于金钱，“利益”是多元的。金钱是一种利益，改善自己的人际关系是一种利益，提升对孩子的教育是一种利益，解决某些具体的问题是一种利益，甚至让自己的好奇心获得满足也是一种利益。

“功”也不一定是显赫事业。我们不要沉迷于“读了那么多书，还是过不好这一生”这种问题。“一生”是一个太大的概念。读了一本书，只要解决了一个真实问题，不也是一种成功吗?

我常常先确定目标然后读书：想写贸易摩擦的文章，就去读相关的经济史；想写亚当·斯密的文章，就去读他的传记；想提高社交能力，就去读《掌控关系》《说话的力量》；想提升公众号的阅读量，就去读《学会写作》《滑屏时代》；想了解数字货币，就去读《货币未来》《韭菜的自我修养》。

有时，我边读边想：对于书中的精彩内容，我该如何将其输出？如何将其运用到自己的文章中？如何将其做成课程？如何用其来改善我的生活？

我还会想：这本书可以帮到哪些朋友？可以送给谁？

我是一个喜欢送书的人，一年至少送几百本书出去。有一次，在回成都的飞机上，我发现《学会成长》很适合弟弟，下飞机后就马上下单给他买了一本。

功利地阅读不仅让阅读更有效率，也让学习更加深刻。

为了“用”，你会反复地想、反复地看，会在实践后复盘检视，会略过书中那些与你无关的内容，聚焦于重点。这就像一个踢球的人，和一个从不踢球的人看球赛一样，他们获得的完全是两种不同的感觉，专注程度也会有巨大区别。

功利地读书还有一大好处：能给你带来正向反馈。当知识帮你解决问题、给你增加收益、让你的能力得到提升时，你会越来越喜欢读书。这是一种美好的学习方式。比如，在给文章拟定标题时，我如果拿不定主意，就会专门把《学会写作》中关于如何拟定标题的内容看一遍，读完后往往就豁然开朗。

当然，功利地读书也要确保目标清晰具体。比如：要做一个相关的活动，写一篇相关的文章，解决一个相关的困惑，而不是“我要成功”“我要发财”“我要幸福”“我要超越自我”这类空泛的目标。宏大空洞的目标常常不能带来具体的“功利”，反而会让人心浮气躁、徒劳无获。

当然，我并不是说所有人在所有时刻都应该功利地读书。

在景区的清晨翻开一本诗集，在周末的晚上沉浸于一本侦探小说，在书店里兴之所至地拿起一本从未听说过的书，也自有一种快乐。这种快乐也可以说是一种“功利”。毕竟一切愉悦、一切惊喜、一切满足，皆为心理收益。

永远不要人云亦云地批判“功利”，永远不要故作清高地读书。鄙夷“功利”并不会让一个人显得清高，反对功利地读书也不会让一个人成为一个纯粹的读书人。

所以，你不妨功利地读书。

第43讲　教育

关于教育的十三个经济学常识

（1）我们如果知道人的需求是无穷的，就不会执着于要给孩子最好的教育。因为在人类无穷无尽的需求面前，最好的东西根本就不存在。

（2）我们如果知道资源是稀缺的、差异是永恒的，就不会追求绝对的教育公平。

（3）我们永远不要相信“再苦不能苦孩子，再穷不能穷教育”之类的话。任何一个家庭的教育，都应该考虑成本和收益，都应该量力而为，而不是陷入不计成本的疯狂。

（4）我们永远不要让孩子的教育导致家庭陷入贫穷的泥潭。所谓教育，不过是一种投资。所谓投资，最重要的是审慎，而不是具有冒险精神。这句话也许不适用于投资天才，但绝对适合普通人。

（5）我们如果知道边际效用递减，就不会在孩子的教育上无穷无尽地增加投入，也不会日复一日地陪他写作业。对于父母来说，并不是付出越多，孩子就越进步。很多付出毫无意义。

（6）我们如果知道未来充满了不确定性，就不会规划孩子的未来。我们都知道，新年计划不要特别乐观，适度冷静一点是好事。对待孩子的教育，也是如此。我们不必指望孩子成为光芒四射的大人物，将其培养成一个善良明智的普通人就很好。家庭教育中最重要的就是丢掉不切实际的幻想。

（7）一些经济学家认为，教育的普及带来了经济的发展；另一些经济学家认为，经济的发展带来了教育的普及。我相信后一种观点。没有经济的发展，人们饭都吃不饱，哪有钱投资孩子的教育？20世纪80年代，为什么会有很多青年上不起大学？因为贫穷。很多人会说，国家可以提供助学贷款。但是，国家的助学贷款也需要人们储蓄和纳税，而不是天上掉下来的。没有经济的发展，哪来的助学贷款？哪来的资源办学和扩大招生？

（8）为什么父母会越来越重视孩子的学业？经济学可以解释这个问题。第一，收入增加，投资增加。解决了温饱，有了闲钱和闲暇，人们才会更多地投资孩子的教育。第二，利润增加，投资增加。相比几十年前，高等教育可以带来越来越高的经济回报。40年前，一个工程师和农民的收入差距可能是两三倍；40年后，他们的收入差距可能是几百倍。也就是说，更多的利润吸引着人们更多地投资孩子的教育。

（9）一张试卷并不是最佳的考核方式，并不能测试出人们的真才实干，也不能测试出人们解决真实问题的能力。那么，为什么我们还要采取这种考核方式？唯一的答案是，这样做最“经济”。这并不是选拔人才最好的方式，而是成本最低的方式。相比其他方式，这样做花钱少、争议小、风险低，所以考试模式才会延续上千年。

（10）教育不是社会的责任，而是每个家庭的责任。

（11）教育并不像自然科学那样是非分明，极端的方法常常也能取得成功。在《夏山学校》中，校方对学生毫无约束，完全放任；在《虎妈战歌》中，严厉管教最终也能取得成功；童话大王郑渊洁的著作中也有一套前无古人的创新教育方法。我们可以将这些书当成故事来看。对于普通家庭来说，这些书的参考意义有限。在听一个专家讲他的教育方法和成功案例时，我们不要被他的成功光环迷惑，而是要冷静思考这样做的风险和成功的概率。

（12）世界上最邪恶的教育有两种：一种是放纵，另一种是控制。放纵型教育把孩子当天使，反对父母的管教，相信孩子在纯粹的自由中会成为最好的自己。这种源自西方的教育观念如今很流行，也许将来会更加流行。而控制型教育把孩子当赚取分数的工具，让他们在家长的控制下生活——没有自由的空间，没有选择的权利，只能争分夺秒地学习。

（13）人们总喜欢强调教育的特殊性，实际上，教育没有任何特殊性可言。和世界上的资源一样，好的教育总是稀缺的，总是在被竞争。和市场上的服务一样，教育无非是一些资源的组合。喜欢强调教育特殊性的人，总是排斥用经济学思维来分析教育。但是，教育领域的种种现象，并不独立于经济学原理之外。

第44讲　内卷

年轻人如何反“内卷”

世界上不存在“内卷”，只有亘古不变的稀缺与竞争。年轻人反“内卷”的最好方式，就是无视这个词。

一、“内卷”是对竞争的误解

“内卷”以前的说法叫竞争。

无论“内卷”这个词最初的含义如何，如今已经被滥用到方方面面，被用来形容一切领域的竞争。

人们用“内卷”来表达对竞争的厌倦，其核心思想是：竞争即互害。激烈竞争使得每个人的生存空间更加逼仄，使得每个人的状况变得更差。

这种对竞争的认知是错误的。

一个显而易见的事实是：资源是稀缺的，凡稀缺必有竞争，凡竞争必有痛苦。

人类痛苦的源头是稀缺，而不是竞争。

我们可以想象一个没有竞争的世界，那里既没有“内卷”，也没有外部竞争，只有一个人。但稀缺依然存在，因为他需要自己耕种打猎、发明创造，通过劳动来满足自己的各种欲望。没有任何人和他“卷”，他难道就不焦虑了吗?

二、“内卷”与风险

面对稀缺的资源，人们主要有两种竞争方式：一种是通过创新去竞争，另一种是通过重复性的劳动增量去竞争。

谈论“内卷”时，人们更喜欢把那些拥挤的赛道视为“内卷型”竞争。比如高考，千军万马过独木桥；比如自媒体，无数写作者熬夜追热点；比如淘宝，无数商家通过价格战来争夺用户；比如职场应聘，上千人投递简历竞争同一份工作。

但“内卷”批判者忽视了风险这一因素。

那些少有人走的路上也许没有“内卷”，却有高风险。比如，你可以像韩寒一样中途辍学，不参与应试教育的题海竞争；你可以像郑渊洁一样避开小说领域的激烈竞争，掉头去写儿童文学；你可以像一些投资者一样辞职回家，专职炒股。每个人都可以选择避开竞争激烈的红海，去创新，去蓝海市场开拓。但相应的高风险和高成本，又有多少人愿意承担?

三、市场竞争不是“内卷”

市场竞争并不是“内卷”，反而会带来扩张、进步与繁荣。

这个过程充满了痛苦，无数失败者破产、失业或身败名裂。哪怕是成功者，也战战兢兢，如履薄冰，生怕一不小心就被淘汰出局。于是，古往今来，无数知识分子和普通人把这种痛苦与焦虑归咎于竞争。他们谴责外部竞争是全球化掠夺了人们的就业，谴责国内竞争是“内卷”。

但他们很少意识到，竞争既是痛苦的，也是必要的。如果没有竞争，就没有技术的进步、经济的发展和社会的繁荣。例如，无论是通过价格还是创新来竞争，商家都是极度痛苦的，但竞争可以增加消费者的福祉。爱迪生和威斯汀豪斯为了争夺电力市场竞争得心力交瘁，但是消费者得到了光明。

我们每一个人既是生产者，也是消费者。我们既承担竞争的痛苦，也享受竞争带来的福祉。

在一个没有竞争的世界，人们并不会真的快乐。

第45讲　躺平

做一个勇于行动的人

以前叫市场竞争，现在叫“内卷”；以前叫望子成龙，现在叫“鸡娃”；以前叫企业家精神，现在叫“万恶的资本”；以前叫成功学，现在叫“毒鸡汤”；以前叫丧失斗志，现在叫“躺平”。

许多人一边把“躺平”挂在嘴上，一边努力赚钱。那些讴歌“躺平”的自媒体却在休息日坚持更新。

许多自媒体为了迎合时髦而讴歌“躺平”，赋予其各种高大上的正面意义。对自媒体来说，什么流行，什么就是正确的；读者喜欢什么，它们就说什么。这样的媒体和应声虫没有区别。

还有人称赞“躺平”是一种反抗，是“非暴力不合作”。例如，张三揍了李四一顿，李四选择“躺平”，这是一种反抗吗?

近些年，从“内卷”到“躺平”“摆烂”，人们像三岁小朋友一样，不假思索地接受了一个又一个“新词”。如果任由这些“新词”塑造我们的思维方式乃至生活方式，那将是一场悲剧。

很多人说自己之所以“躺平”，是因为全球经济形势不好。其实，越是经济形势不好，我们越要有危机感，越不能“躺平”。当经济形势不好时，我们要多攒点钱，多结交点人，多锻炼身体，做好应对风险的准备。

劳动使人痛苦，但“躺平”也并非人们想象的那么幸福。我亲眼见到一些人工作时风风火火，辞职后“躺平”了几个月，就变得思维迟钝，说话都不利索了。人是需要干活的，劳动使人精神，“躺平”的人更容易衰老。

凡事皆有机会成本，“躺平”也是有代价的。一个人下班后不运动、不健身，喜欢“躺平”，然后有一天发现小肚隆起需要减肥了。减肥的痛苦，就是当初“躺平”的代价。一个人不喜欢读书、思考和社交，只喜欢躺在床上看小视频，结果脑子慢慢退化了，个人能力毫无精进，这也是“躺平”的代价。

当然，我理解这种相对于“奋斗文化”的叛逆。我们从小接受的教育，永远在强调奋斗、努力，就连玩耍都被视为一种手段，即为了休憩好之后接着奋斗。其实，所有休憩的时光自有其意义，是生命中宝贵的一部分，而不是为了服从这盘大棋。奋斗不是人生唯一的意义。但“奋斗文化”的缺陷并不等于“躺平”就是对的，我们并非只能选择成为工作狂或者躺平者。

湘军将领罗泽南临死前对胡林翼说：“危急时站得定，才是有用之学。”[①]其实，我们可以把苦难看成一场考试，看看能否发挥平生所学。面对命运的暴捶，我们不要一蹶不振。毕竟，任何情况都有边际上改善的空间。多赚一元钱，多读一页书，多运动一分钟，多关心一个朋友，都是一种边际上的改善。

人最珍贵的特权，就是不断做出改进的努力。

解决问题的方式是行动，而非“躺平”。

在流行“躺平”的年代里，我们不妨做一个勇于行动的人。

① 张宏杰. 曾国藩的正面与侧面.3[M]. 长沙：岳麓书社，2018:27.

第46讲　未来

年轻人会年薪百万吗

“六成大学生认为毕业10年内会年入百万元。”这个调查数据引发了很多中年人的嘲笑，他们觉得年轻人太过天真。

其实，在金钱和时间面前，人们常常缺乏想象力。

20世纪90年代，我是一名小学生。

那时候，在我的家乡，有人月收入上千元是一件令人羡慕的事情。

我记得村里有个阿姨自豪地说，她儿子在广东的工厂当经理，一个月可以赚1 200元。大家啧啧赞叹，非常羡慕。

那时候，大多数人还没坐过飞机，每当飞机从操场上飞过时，我们就抬头仰望，像是在仰望一种高级的生活。

时间到了2000年，我去城里读中学。

那时候，学校里最流行的是郭敬明的小说。一本《梦里花落知多少》看得多少人眼泪哗哗的。

小说里的主人公是富二代，交往的年轻人非富即贵。他靠着关系和运气，得到了一份特别好的实习工作，一个月的工资高达四五千元。这简直太让人羡慕了，我们可望而不可即。

十几年后，我走在上海的街头，看到招聘餐厅服务员的广告上写着：每月5 000元，包食宿。

2020年，日本人的年平均收入是409万日元；韩国的最低工资标准是月薪180万韩元；越南的最低工资标准是每月307万越南盾；缅甸的最低工资标准是每天4 800缅甸元，算下来也达到了“年薪百万”。

1990年，上海的月平均工资是243元；2020年，上海的月平均工资是10 338元。30年，上海的月平均工资上涨了41.5倍。

对于越来越长寿的现代人来说，30年不过是生命里三分之一的时光。

只是在时间、金钱面前，人们常常缺乏记性，也缺乏想象力。

第47讲　社交

社交中的五条经济法则

在日常生活中，我们不仅要满足自己的物质需求，还要满足自己的情感需求。我们希望受人尊敬，能够享受到美好的友谊。

社交经济学让我们用经济学思维看待社交，理解社交的本质，反思社交的方法，从而成为更好的社交对象。

一、社交的本质是交换

社交的本质是人们为了满足自己的情感需求而展开的交换行动。

人际关系是一种交换关系，我们会提供给他人好处，也会受到别人的评估。这听起来冷酷无情，却解释了许多人类行为。忽视这个事实就会导致正常健康的人际关系缺失了重要的一环。①

在社交中，人们交换信息，交换对彼此的关注、鼓励和安慰，满足彼此的情感需求。**这种交换并不明码标价，而需要心领神会，是一种远比购买商品更加复杂的交换行为**。

人们在社交中主要寻求四种核心情感：一是被人欣赏，二是找到共同点，三是受到鼓舞，四是受到启发。

只有双方的需求都得到满足的社交才是可持续的社交。相反，如果你不关心对方却要求对方关心你，你聊天时漫不经心地看着手机却希望对方专注倾听、积极回应，你热衷于指责却期待得到欣赏和赞美，那么这样的社交注定难以维系。

如果不再互利，社交就会终结。

心理咨询师丛非从说："一旦关系建立，就意味着交换的开始。没有可交换的时候，关系就会结束。不满足交换条件，就会自动疏离，不是你想刻意维系就能维系的。"②

二、社交遵循成本收益原则

《牛奶可乐经济学》一书写道，世间万事大抵遵循成本收益

---

① 安·德玛瑞斯，瓦莱丽·怀特，莱斯莉·奥尔德曼. 第一印象心理学：你都不知道别人怎么看你[M]. 赵欣，译. 北京：新世界出版社，2017:16.

② 丛非从. 我真的很棒[M]. 武汉：长江文艺出版社，2020:242.

原则：唯有预估到收益大于成本，人们才会付诸行动。

为什么人们要警惕那些“为你好”的人？

这背后是成本收益法则在起作用。

我中学时喜欢打乒乓球，所以认识了很多球友；工作后喜欢旅行，又认识了很多“驴友”。我结交这些朋友的收益就是一起玩耍，哪怕一开始并不熟悉，我都愿意邀请对方加入进来。相反，我从来没有刻意地去结识橄榄球高手或者拳击运动员，哪怕我觉得这些运动很酷。因为认识这类人对我没有足够的收益（不能一起玩），所以我就没有动力去结识他们。

每个人的成本和收益都是不一样的。为什么普通人不愿意跟坏人交往，犯罪分子却经常成为彼此的“朋友”？这也是成本收益法则在起作用。

三、需求定律影响社交

一切交换行为都遵循需求定律，社交也不例外。

价格上升，需求下降。如果你去了一座新城市，你和老朋友相聚的代价就会上升，于是老朋友的数量减少。如果你移民海外，那么社交代价会再次上升，老朋友的数量会再次减少。

贬低他人，把别人的隐私传出去，聊天时喜欢抬杠……这些行为同样会导致别人的社交代价上升，别人和你交往的需求也会下降。

喜欢主动招呼别人，平易近人，热情好客……这些行为会使别人和你交往的代价下降，别人和你社交的需求也就上升了。

四、好的社交需要克服信息不对称

人们对陌生人天然地有戒备心理，所以我们经常说：不要和陌生人说话，防人之心不可无。

只有在社交中解决了信息不对称问题，我们才更容易赢得别人的信任。这就是为什么我们要告诉新朋友自己的工作、专业、家乡和爱好等信息。这也是一种信息披露，相当于产品说明。我们也会请朋友介绍我们，这相当于请明星代言。我们还会展示自己的优势，比如毕业于名校、在大企业工作等，这相当于品牌效应。

如果你沉默寡言或者高深莫测，别人见了你好几次还是对你一无所知（严重的信息不对称），别人就很难产生和你社交的兴趣。

这听起来很简单，但在实际操作中，很多人加对方微信后都不知道简单地介绍一下自己，让对方对你一无所知。这就会导致两种情况：一是，你加对方好友很难获得通过；二是，互加好友后，你也很容易被对方屏蔽、删除。

五、在社交中发挥自己的比较优势

好的社交对象和世间的资源一样，都是稀缺的。

凡稀缺必有竞争。我们想交往的优质对象，别人也想交往；我们想请客吃饭的朋友，也有其他人约他相聚。如果我们理解了这一点，我们就不会因为别人拒绝了自己的邀约而生气。

那么，我们如何在社交中提高自己的竞争优势呢？

也许我们在各方面都不是很突出，和他人相比也没有绝对优势，但这并不意味着我们在社交中就必然不受欢迎。即使没有绝对优势，我们还可以积极地发挥自己的比较优势。在各种能力和品质中，我们总有某些优势：可能是善于倾听，可能是慷慨热情，可能是嘴严靠谱，可能是擅长帮别人拍照。积极地发挥任何一种比较优势，都可以让我们的社交更加顺利。

从非从在他的书中解释说："正是因为关系本身是交换，才让我们有了选择和交换的可能性。……交换本身就是纯洁。"①

我对这段话的理解是，如果关系不是基于交换，人们就不用考虑满足对方的情感需求，而是会一味地放飞自我。那样的社交无疑是劣质的。脱离了平等交换的社交，很容易沦为无尽的索取、压榨和冷漠。

① 丛非从. 我真的很棒[M]. 武汉：长江文艺出版社，2020:246.

我很惊讶心理学家经常用经济学思维来论述社交问题。一位心理学家说，幸福的关键只有两个字——“他人”，而经济学则强调利己必须利人。这两种观念在逻辑上是一致的，在精神上也是相通的。

看到知识可以融会贯通，总让人感到开心。

第48讲　学习

书本知识和真实世界有何区别

读完书就认为自己掌握了知识，是一种错觉。

一、知识

二月的一天，我走了很远的路，去郊外花了一下午的时间拍梅花。

我想起多年前，坐在台下听一位老师讲课："……经历比知识更重要。很多事，我们很熟悉，但又很陌生，比如梅花。我从小学起就不断学习关于梅花的诗词歌赋，你说我对梅花陌生吗？我一直没有见过梅花，不知道梅花长什么样。作为一个北方人，我也想象不出梅花在雪中开放到底是什么样子的。梅花如何在雪中开放呢？……一直到40岁的时候，我才见到了梅花，那一刻我知道，梅花原来是这样的啊！”

当时，我也没见过梅花。我背诵过“遥知不是雪，为有暗香来”“疏影横斜水清浅，暗香浮动月黄昏”，我在写作文时用梅花“凌寒独自开”比喻过英雄们的高尚品格。但是，我不知道梅花到底长什么样。

二、体验

第一次见到梅花时，我已经27岁。

那是在南方工作的第一年，上电梯的时候，有人抱着一束花进来，上面是黄色的小花。我身边有个朋友也来自北方，他困惑地问：“今年的油菜花开得这么早吗？”

对方错愕地看了一眼说：“啥油菜花？这是蜡梅！”

在那之后，我就每个冬天都去看梅花，从初见的惊喜、兴奋到后来成为生活中的一种仪式。

三、隐喻

梅花于我而言，就像一种隐喻，关于书本知识和真实世界的隐喻。

读再多关于梅花的诗词歌赋，看再多关于梅花的绘画摄影，终究不如去梅花林中安静地走一下午。否则，所有关于梅花的知识都显得虚妄、轻浮。

经济学也是这样的。曾经有经济学家搞出了一个很严密的模型：因为信息不对称问题，劣币驱逐良币，二手车市场必将失灵，走向衰亡。这位经济学家因为该模型获得了诺贝尔经济学奖，该模型也被无数人引用。但在现实中，全世界的二手车市场一路繁荣，蒸蒸日上。

这就是书斋里的“知识”和真实世界的差别。

萨缪尔森的经济学教科书认为，市场不可能提供灯塔这样的公共服务。萨缪尔森还做了一番严密的逻辑推理。后来，科斯等人查阅了历史资料，发现市场提供灯塔服务历史悠久，早在17世纪就开始了。

很多经济学家在书中大谈郁金香泡沫背后的羊群效应、市场非理性，结果历史学家考证后站出来说，郁金香泡沫只是传奇故事。

还有经济学家研究出了囚徒困境的博弈模型，但现实完全不是这么回事。因为人不是巴甫洛夫实验里的狗，所以现实中的博弈是长期的、多方的。

遗憾的是，大多数人迷信权威，那些早已被事实证伪的理论依然在广泛流传。

在这个世界上，很多人没有投资经验，却喜欢批判投资人不劳而获；没做过生意，却坚信老板都在压榨员工；不熟悉富人，却坚信财富即罪恶。

我们不要活在书本知识里，更不要活在固执的幻想里。

纸上得来终觉浅，绝知此事要躬行。

第49讲　思维

黑帮电影中的三堂经济学思维课

某一天，我看了一部黑帮电影《飞砂风中转》。

电影里，主角是一个黑帮大哥，出身黑道世家，后来因为在监狱里学习弗里德曼的经济学而改变了认知。出狱后，大哥决心去读大学，学经济学，改变自己的命运。他和小弟、母亲的三段对话，非常有意思，堪称三堂经济学思维课。

一、不要只看见理想，还要看见成本

大哥出狱了。

一帮小弟在监狱门口迎接，纷纷表示要拥戴他当新的社团老大。

大哥带着小弟去书店买书，一边逛一边问小弟："现在还有

人争当老大吗？”

小弟说：“当然了，当老大能号令天下，多威风啊！”

大哥说：“要死多少人？”

小弟说：“二三十人吧。”

大哥说：“要花多少钱？”

小弟说：“三四百万元。”

大哥说：“那还要争？”

小弟说：“但老大的位子是你应得的。”

大哥说：“如果是应得的，那就不用抢了。”

小弟说：“不公平，就要抢。”

大哥说：“我入狱后，认识了一位前辈。他跟我说过，**最大的过错就是用动机来衡量结果**。人们从来不理那些后果的严重性。……**我们的社会最错的事，就是不计后果，只用背后的动机来衡量对与错**。”

小弟说：“太深奥了。这位前辈的辈分一定很高，他是哪路的？”

大哥说：“芝加哥经济学派的佛利民。”[①]

这段对话很有意思，像一位黑帮大哥在给小弟上经济学课。

小弟看到的是当大哥的风光荣耀，大哥看到的却是成本。

衡量一个人有没有经济学思维的标准之一，就是看他有没有

---

① 即弗里德曼，佛利民这个汉语名字是经济学家张五常翻译的，这里有粤语读音上的考虑，也有其寄意。

成本意识。

没有成本意识的人，觉得当大哥很风光，希望建造广厦千万间来大庇天下寒士，希望教育医疗全部免费，希望学生都乘坐坚如坦克的高级校车……却从来不会像电影里的古惑仔一样思考：要付出多少成本？钱从哪里来？

大哥说：“我们的社会做得最错的事，就是不计后果，只用背后的动机来衡量对与错。”

我在最近一期经济学课中也讲了类似的话：评价一件事是否善良，是否道德，要看手段，看结果，而不是看动机。

二、不要只看见“大棋”，要看见真实的个人

大哥的老妈坚持让他去竞选社团老大。

大哥则表示自己没时间，准备要去考香港大学的经济系。

老妈想了一会儿说：“我明白了！你是想去香港大学招兵买马，把大学生都发展成黑社会，将来高官律师都是我们社团的人。你的想法，真了不起。”

不明就里就是这样的，老觉得别人在下一盘很大的棋。

这其实也是一种缺乏经济学思维的体现。经济学研究的是一个个真实的个体，不是意想出来的“理性人”，也不是冷冰冰的数据，更不是棋子。

200多年前，亚当·斯密就在《道德情操论》一书中警告过这些喜欢“大棋论”的人。

他似乎设想他能够像用手挪动一副棋盘中的每个棋子那样轻松自如地安排这个社会大团体中的每个成员，他并没有考虑到棋盘上的棋子除了用手施加动力使它移动之外没有别的运动原则；但是，在人类社会这个大棋盘上，每一个单独的棋子都有它自己的运动原则。[①]

任何人都不是棋子，那些自作聪明把他人当棋子的人，终究会被反噬。

三、不要说别无选择，你永远有选择

老妈教训大哥："你自出世那天起就是黑社会，一辈子都是黑社会，没有选择。"

大哥说："我在监狱里读过一本书，叫《自由选择》。我有得选，你们也有得选。"

《自由选择》的作者弗里德曼出身贫寒，多年后成为市场经济的捍卫者，影响了一个时代。

在演讲现场，曾有观众挑衅弗里德曼："你经历过贫穷吗？"弗里德曼正色说："我曾比你们在场的任何一个人都穷。你们有谁经历过每天工作12小时收入78美分吗？"

① 亚当·斯密. 道德情操论[M]. 赵康英，译. 北京：华夏出版社，2017:266.

弗里德曼继续说："重要的不是人们的出身，而是哪种机制能给予更多的人改变命运的机会。在人类历史上，从来没有任何一种机制能比市场经济提供给人们更多的机会，能够更有效地减少贫穷。"

在《自由选择》一书中，弗里德曼说过这样一段话，用来解释出身和环境并不能锁死我们的命运，我们依然可以自由选择。

我们每个人所拥有的各种资源之多寡，部分是运气使然，部分是我们自己或他人选择的结果。运气决定了我们的家庭出身和成长环境，由此也决定了我们发展自身体力和智力的机遇；运气也决定了我们从父母那里能够继承而来的其他资源。不同的运气，可能使我们手中的初始资源得到增强，也可能使之毁于一旦。但是，选择仍然起了重要的作用。我们决定如何利用我们手中的资源，比方：是努力工作还是得过且过，是进入这个行当还是进入另一个，是从事这种冒险还是从事另一种，是储蓄还是消费……不同的选择决定了我们究竟能使自己的资源增强增多，还是使其消耗一空。①

世界上最大的谎言就是说自己"别无选择"。记住，你永远有得选。

① 米尔顿·弗里德曼，罗丝·弗里德曼. 自由选择[M]. 张琦，译. 北京：机械工业出版社，2013:22–23.

一个曾经的黑帮大哥，因为在狱中读了弗里德曼的经济学名著《自由选择》，幡然醒悟，开辟了新的人生。虽然这是电影，但每个热爱经济学的人，大抵都经历过那种被知识改变认知、恍然大悟的时刻。

学习经济学，真的很重要。

第50讲　方法

别人喜欢谈大事，你要去想小问题

一、创作要从小的点切入

有一天晚上，我参加了一场读书会。

分享人是一个二十来岁的女孩，分享的是她最近出版的一本摄影集。摄影集的内容是她奶奶来北京的生活。在那段时间里，她每天陪着奶奶，给奶奶拍照。

我坐在书店的角落翻着那本摄影集，心里一阵羞愧。我也喜欢摄影，拍了好多年，拍了许许多多的地方、许许多多的人，但没有好好地为家人拍过几张照片。

我很羡慕她。

女孩说："在摄影同行里，很多人关注宏大的社会话题，比如有人专门拍40岁的女性，反映她们在这个时代的焦虑和困惑。

但那不是我想要的，也不是我擅长的。我做这本摄影集就是给奶奶的一份礼物，我也不想改变世界或者改变很多人。”

有读者提问：“摄影家肖全花好几年时间跟拍两个小女孩，而你创作这本摄影集只用了一两个月时间。你有什么感想？怎么看这种差异？”

女孩回答说：“我没什么感想，各有各的路吧。”

我当时想，这个女孩太酷了。其实，普通的人的创作方法，就应该是从小的点切入。比如，摄影师可以拍春天的一束花，作家可以写一个身边人的故事，专家可以把自己专业领域的一个小问题讲明白。

二、研究问题要从小处着手

经济学家谢作诗在讲课时说过：研究问题要从小处着手。

为什么成都街头的麻辣烫会涨价几毛钱，这可能是比世界经济形势风云变幻更有研究价值的问题。对于前者，我们如果用心观察、调研和思考，就会有不一样的收获；后者的话题太过宏大，会让我们迷失在信息洪流里。

遗憾的是，大部分人喜欢谈论大问题，动不动就谈论美国大选、欧洲未来等等。

《枪炮、病菌与钢铁》的作者贾雷德·戴蒙德有一篇讲稿叫《世界面临的主要问题》，讲的是全球气候变化、经济不平等、移民问题和全球环境资源管理。这篇讲稿基本上毫无价值，得出的结论毫无新意。

积极心理学之父马丁·塞利格曼开创的积极心理学启迪了无数人，他的著作里闪耀着真知灼见。但是，塞利格曼晚年经常思考全人类应该如何如何。那些观点往往大而无当，甚至充斥着支持使用政治手段来干预人们的经济生活从而提升幸福指数的谬误。

这些并非个例，很多大师到了晚年都特别关心人类未来之类的宏大话题，一再跳出自己的专业领域大发议论。结果要么人云亦云，要么信口开河。在研究具体的专业问题时，他们写下了启迪人心的经典；但在谈论空洞的大问题时，他们的很多观点毫无价值。

我常常告诉自己：要好好研究小问题，不要重蹈前人的覆辙。

三、大事业要从小事干起

洛克菲勒在给儿子的信中强调了做小事的重要性：

儿子，我知道你是布朗大学的优秀毕业生，你在经济学与社会学方面的知识可谓优秀。

我相信你已经发现了，自你到我身边工作以来，我并没有给予你重担去挑。但这并不表明我怀疑你的能力，我只是希望你善于做小事而已。做好小事是做成大事的基石。[①]

其实，说得残酷一点：无论如何雄心万丈，大部分人终其一生是没有做大事、赚大钱的机会的。一个普通人谈论的所有大事，几乎不是他的机会，也不会给他带来收益。

普通人的机会在小事中。普通人应当追求边际上的改善，而不是一夜成名、一夜暴富或一年内阶层跨越。

四、创业从赚第一块钱开始

“生财有术”是我知道的最大的财商社群，其创始人亦仁经常强调“去赚第一块钱”。

我们的每一条业务线都是以“赚到第一块钱”作为起点的，这也是项目能够良好运行的基石。我们团队的小伙伴耳濡目染，每当在探索新项目时，都会以“赚到第一块钱”作为初始目标，而不是总想着“改变行业格局”这种宏伟目标。……赚到第一块钱，点子变成钱，团队有了正反馈，主动性和探索欲更强，思路也因此变得更加开阔，也会想尽办法去解决实际

① 约翰·洛克菲勒. 洛克菲勒写给儿子的38封信[M]. 丁伯寅，编译. 南昌：江西教育出版社，2018:77–78.

遇到的各种问题。”[1]

他的意思是：我们的项目、产品到底如何，先不要说有多大的市场、能拿到多少投资，我们要先去试试能不能赚到第一块钱。这样，我们可以过滤掉很多不切实际的妄想（也许我们当初以为那是了不起的创意），也给真正的好产品带来反馈与信心（也许我们最初觉得那只是一个不切实际的幻想）。

无论是思考、创作，还是赚钱、做事，道理都是相通的：别人喜欢当大官、做大事、赚大钱，但我们要认认真真地研究小问题，赚小钱，做好小事。

精进之道，就在其中。

① 刘容，等. 绝非偶然：撬动星球的头部效应[M]. 北京：电子工业出版社，2021:95.

后　记

某一天，在上完了关于“资本”的网课，我给学生们布置了一个作业：用自己的某项资本去赚至少1元钱。

五年级的瑶瑶一周内卖了5幅画给同学们，赚了115元。她采用定制的方式：同学们想要什么内容，她就画什么，按需创作。

赚到钱后，她很开心：“原来我画画的才能就是我的资本。”

我很羡慕她，她小学时就可以掌握的经济学知识，我25岁后才第一次接触到。

而更多的人终其一生都不明白。

人的学习与成长完全充满了偶然，遇到哪本书，喜欢上哪个学科，冥冥中都是一种运气。其实，我很希望在自己年少的时候，有人递给我一本好的经济学图书，好好地跟我聊一聊经济学，聊一聊财富、商业和市场。那样，我对这个世界的认知会很不一样，我的很多选择乃至我的人生也会很不一样。

现在，我把这本书递给你，就像递给曾经的自己。

读完这本书后，如果有兴趣，你也可以沿着我书中提到的那些经济学家和经济学著作，去更多地阅读、思考、交流、践行和分享，在经济学这条路上走得更远，发现更多的乐趣。

我也欢迎你关注我的公众号“亮叔经济学”，给我留言，分享你学习经济学的心得、你在市场经济中的经历与思考。

很高兴遇见你。